日本人のパパが
スウェーデンでたどり着いた
男女平等教育

やってよかった育児パパ

谷沢英夫 著

JN079146

新評論

はじめに

スウェーデンに私が住みはじめたのは一九六〇年代の後半です。そのときに感じたカルチャーショックのなかで、もっとも衝撃が強かったのが、若い父親たちが子どもたちと交わる姿でした。乳母車を押す父親、食料品店で子どもを片腕に抱えて夕食の食材を選んでいる父親、子どもたちと一緒に公園で砂遊びをしている父親、といった姿でした。

札幌に住んでいた当時の我が家、とくに一一歳以上も年上である四人の姉兄たちの家庭では、どこも子育てをしながらの共働きでしたから、帰宅後、姉たちは家事や育児でてんやわんやの毎日でした。

「赤ちゃんがいるのに、何でそこまで苦労して母親が働くのだろうか?」

こんなモヤモヤ感を吹き飛ばしてしまうという状況に、スウェーデンに渡ってから遭遇しました。

「そうか! 父親も家事・育児をすればいいのだ!」と分かったのです。

父子の自然なスキンシップが印象に残る
(Iryna-stock.adobe.com)

それを試す機会が数年後にやって来ました。

私はスウェーデンの女性と出会い、一九七〇年代に入ってから二児の父親となりました。妻は保育園で働いており、朝六時半から夕方の五時半までが就労時間であったため、子どもが目覚めてから保育園に預けるまでの約二時間は、ほとんど私の役目になりました。

当時、保育園の一クラスに一七～一八人ほどの子どもがいたのですが、子どもとともに登園するという父親は三、四人ほどでした。当初は気恥ずかしさを感じていましたが、ほかにも父親がいて、何となく心強く思えるようになりました。

毎朝の子どもへの世話、「つらい」とか「嫌だった」という思い出は少しもなく、子育てを妻と一緒にできたという満足感がありました（本当です！）。育児に携わり、日々、子どもが成長する様子を見届けるという生活はこのうえなく楽しいものでした。それを可能にしてくれたのが、スウェーデン社会なのです。

一九七〇年、この当時のスウェーデンは、既婚女性が労働市場へと進出しはじめたときです。母親たちの負担を少なくするために、政府による諸政策として保育園が増設されたほか、有給の育児休業制度が整いはじめていました。

やがて、それが「男女平等（ジェンダー平等）」という大きな波となり、社会はさらに変貌を遂げていきました。そして、みなさんもご存じのように、世界でもっとも男女平等が進んだ国の一つとなったわけです。

スウェーデンでの生活を経験した私は、男女平等が進めば進むほど、一人ひとりの能力がより発揮できるようになるという重要な変化を体験するに至りました。その結果、社会全体が力強くダイナミックになり、人々がより楽しく生きられるようになったと思っています。

現在、日本が遅れている状態には、次のような多くの項目があります。

賃金・労働条件、キャリア面における男女格差、母子家庭の貧困、女性への暴力、児童虐待、子育て・介護——これらは、女性に対して大きな負担がかかっていることの現れでもあります。このような差異の原因は、男女平等に対する価値観の欠如によるものだと考えるようになりました。

ちなみに、イギリスの「エコノミスト」誌によると、OECDに加盟している主要二九か国を対象に女性の働きやすさを評価した「ガラスの天井（glass《グラス》 ceiling《シーリング》）指数」で日本は、最下位から二番目の二八位となっています。「ガラスの天井」とは、組織内で昇進に値する人材が、性別や人種などを理由として低い地位に置かれている状態を比喩的に表現したものです。とくに、女性の昇進などを阻害する要因に関して使用されることが多い言葉ですが、これを解消することが、職場における男女平等参画を実現するうえにおいて重要な課題となっています。

男女平等という価値観が人びとに根づき、社会的なコンセンサスが得られるように、スウェーデンでは、大人だけでなく幼児期からそのための教育をはじめています。このような教育を受けて育った人たちが多ければ多いほど男女差別のなくなる社会になる、といった政策を掲げてスウェーデン政府は実行しています。

幼児期から男女平等を教育することの重要さに関する私の理解は、単に書物や報道などによるものではありません。職業上、子どもの遊び場（公園や園庭）の遊具製作会社でコンサルタントとして日本やヨーロッパの子どもたちの遊び方を観察し、多くの保育園・幼稚園において、幼児教育の現場に立ち会ってきたというこれまでの経験に基づいたものです。

ちなみに、定年後は、スウェーデンの小中学校での男女平等教育に興味をもち、一九六〇年代からの社会科の教科書を時系列的に検証していくことを生涯学習として行っています。その一環として、『子どもの悲しみとトラウマ』（BRIS＋モニカ・ホルム編、新評論、二〇一四年）という本を、本書と同じ出版社「新評論」から翻訳出版しております。この本は、二〇〇五年のクリスマス休暇中にスマトラ島沖大地震に遭った子どもたちに対して、人権擁護団体である「BRIS」が心のケアにあたった記録をまとめたものです。

子どもの
悲しみとトラウマ
津波被害後に行われたグループによる支援活動
BRIS＋モニカ・ホルム編
谷沢英夫訳
平田修三解説
悲しみ、悩み、
不安などで覆われている心の窓が、
ミーティングを重ねるたびに開かれてゆく！
スウェーデンのNGO団体「BRIS」が行った支援活動の過程
新評論

このように、広い意味で教育現場に携わってきましたが、振り返ってみると、子育てに関する「知恵」をもっとも提供してくれたのは妻のインゲルです。幼児教員兼保育園（プレスクール）園長として定年まで勤務した彼女の約四〇年間の知識と経験に基づくアドバイスなしでは、本書を書きあげることはできなかったでしょう。

日本でも福祉国家スウェーデンにおける幼児教育の現状はよく知られています。とくに子育ては、社会（国や自治体）が行うものと理解されています。本書には、スウェーデンが五〇年以上かけて今日に至った過程が記述されており、この過程を学ぶことは日本の社会において必ず役立つものと思っています。

本書において紹介する男女平等を意識した教育を行う際の根本原則は、スウェーデンの民主主義です。プレスクール・カリキュラムの「目標」に書かれているのが「民主主義の諸原則に従って協力し、意思決定する能力」であり、「指針」としては「民主主義社会で適用される参加と責任について、また権利と義務について、すべての子どもに準備させる」と書かれています。つまり、幼児期から民主主義を教えているのです。

日本では、「民主主義」というと社会組織または団体が物事を決定する際の「多数決の原理」のみが重要視されていますが、欧米先進国における民主主義の原則は、「すべての人間が同等の価値をもつということ、および、すべての人間が影響を及ぼす権利をもつということ」となっています。

日本が国際社会で認められるようになるためには、「ガラスの天井指数」を上げることと民主主義の実践を推進しなければなりません。これについては、『幼児から民主主義』（エリザベス・アルネール＋ソルヴェイ・ソーレマン／伊集守道、光橋翠訳、新評論、二〇二一年）を参考にしてください。

幼児から
スウェーデンの保育実践に学ぶ
エリサベス・アルネール＋ソルヴェイ・ソーレマン
伊集守直・光橋翠訳
民主主義
日常の保育のなかで
「民主主義」は実現できる!
参加意識を育む豊かな保育実践の手引き
特別寄稿
宮武慎一
「子どもたち自身が未来を切り開く」
新評論

たにさわ　ひでお

もくじ

第4章 スウェーデンの社会に学ぶ 47

やってよかった育児パパ——日本人のパパがスウェーデンでたどり着いた男女平等教育

第1章

スウェーデンの男女平等

——元々、スウェーデンは男女平等だったのか？

初の女性国会議員になったアグダ・エストルンドの演説会場（1921年9月11日）撮影者不明。Arbetarrörelsens arkiv och bibliotek 所蔵（出典：太田美幸著『スヴェンスカ・ヘムの女性たち——スウェーデン「専業主婦の時代」の始まりと終わり』新評論、2023年）

ヨーロッパでもっとも早く男女平等が進んだ国とされる北欧スウェーデンは、どのような変化を遂げてきたのでしょうか。その変容を見ていきましょう。

スウェーデンは早くから女性の活躍が盛んで、「男女格差がなくなってきている社会」と世界の国々から注目されてきました。なかには、「スウェーデンは、昔から男女差別や男尊女卑などはなかったのではないか」と疑う外国人までいると聞きます。

もちろん、そのような歴史はまったくなく、それほど昔ではない戦後の一九五〇～一九六〇年代頃までは、かなり男尊女卑や家父長制度といった考えが社会にはびこっていました。その当時の日本の状況とあまり変わらない、男性優位・女性劣位という厳しい社会だったのです。

たとえば、一九〇〇年代前後では、女性の政治参加は禁止されていましたし、高等教育や職業選択の制限のほか、遺産相続や離婚申請も女性にはできませんでした。これより遡った一八六三年までは「妻への体罰法」という法律までがあり、「夫は妻を戒めるのに体罰を加えてもよい」という、まるで家庭内暴力（ＤＶ）を公認したような法律まで存在していたのです。現在のスウェーデンからは、とても考えられないような状況でした。

スウェーデンをはじめとする北欧諸国は、歴史的な経緯からキリスト教プロテスタントの教えが根強く、男女の役割に関しても宗教的な厳しい戒律慣習がたくさんありました。たとえば、教会での結婚式の誓いにおいて、牧師が花婿に対して「汝は、いかなるときにでも、この**女性を扶養し**、愛することができるか?」と問い、花嫁に対しては「汝は、いかなるときにでも、この**男性に従い**、愛することができるか?」と問うていたのです。

さすがに現代では、このような結婚式での誓いの言葉はタブーとなっていますが、スウェーデンを代表するジェンダー学者であるヒードマン女史（Yvonne Hirdman）は、このような男性優位の約束事を「男女性別的役割の社会的契約（ジェンダー・コントラクト）」と名付け、目に見えないさまざまな男女差別の慣習が社会にはびこっていることを指摘しました。

日本では仲のよい理想的な夫婦関係を指して「夫唱婦随《ふしょうふずい》」と言いますが、この言葉、スウェーデンの昔の「結婚の誓い」によく似ています。日本とスウェーデンとではさまざまな面で大きな違いがあるわけですが、かつての歴史における男尊女卑においては共通点がたくさんあったわけです。

ところがスウェーデンは、この半世紀の間にこのような「不平等さ」をほとんど見事になくしてしまいました。一体、半世紀の間にスウェーデンで何が起こったのでしょうか。

男女は同じ可能性をもっている

近代の産業革命による工業化は、欧米諸国や日本の社会や家庭の構造をすっかり変えてしまいました。夫は家族の大黒柱として外で働く「稼ぎ手」となり、妻は夫の「支え手」として、家事育児の役割に専念するといった家庭が理想となりました。

社会にも同じ構図があり、国の大事な政治経済のことは男性が担い、教育や進学は男子が優先され、医者、弁護士、技師、営業員などといった「立派な職業」は男性が従事し、女性たちは秘書、看護婦（師）、事務員などのように、男性を「支える職業」に制約されたのです。

このような傾向は戦後に入ってからも続き、欧米諸国でも日本と同じような社会構造がありました。ところが、一九六〇年代の中頃からスウェーデンは変わりはじめました。

スウェーデンは、第一次、第二次世界大戦を通じて中立国であることを通したため、戦後、戦災を受けた隣国からの復興需要によって高度経済成長を続けました。そのため、一九六〇年代の中頃から著しい労働力不足となり、労働力を補うことを目的として既婚女性の労働参加が求められたのです。

国は共働き家庭に有利な課税改革を打ち出し、既婚女性の就労を促しました。その思惑どおり、既婚女性の労働市場への進出が増えたわけですが、賃金や労働条件などの面では男性との格差が大きいこと、家事や育児面での負担が増したこと、そして保育園不足などが理由で、働く女性たちの間で不満やいら立ちが募りはじめました。

タイミングよく、一九七〇年代にかけてアメリカから女性解放を提唱した「フェミニズム運動」が加勢し、「ジェンダー学」という新しい学問による男女平等運動といった後ろ楯もできました。これらを背景として、スウェーデンは男女平等の社会へと突き進みはじめたのです。

よく考えてみれば、同じ時期に日本にもアメリカからこのような運動に関する情報が入り、社会に広まっていったわけですが、そのあり方はかなり違っていたようです。

一九六五年から一九七〇年代にアメリカから女性解放（ウーマンリブ）運動が欧州や日本に入っていったわけですが、ヨーロッパ、とくにイギリスやフランス、北に位置するオランダや北欧では、この新しい思想を歓迎するといった社会システムがすでに整っていたように思われます。これらの国では、女性の就労がすでにかなり進んでいて、男女間の不平等や負担を女性たちがいち早く感じていたため、アメリカの女性解放運動も比較的スムーズに受け入れられたのではないかと思います。

一方、日本における一九七〇年代の人々、とくに若い女性に対しては、結婚を境に就業を辞め、子育て・家事に専念すべきという社会的通念が根強く残っていたように思われます。一九七〇年代の女性就業率を見ても、二五〜三五歳では五〇パーセントを大きく下回っています。

一方、同じ時代のスウェーデンはというと、七〇パーセントを超えるほどだったのです（総務省、労働力調査「図表58 年齢階級別女性就業の推移。SCB Statistic スウェーデン統計、女性就業 一九六〇〜一九八〇」参照）。

言い換えれば、「女性解放運動という新しい思想をスムーズに受け入れられるほどの社会的条件が、日本にはまだ成熟していなかったのではないか」と思われます。そのため、北欧諸国では見られなかったフェミニズムに対するバックラッシュやバッシングといった現象が日本では生じたのでしょう。

いずれにせよ西欧諸国では、この運動は「ジェンダー学」という新しい社会科学の裏付けとともに、社会的なバックアップによって男女平等がさらに勢いづいたと考えられます。

現在では、多くの国が男女平等の理念をもち、「男女は同じ権利と義務をもつ」と謳っているわけですが、スウェーデンの理念には、「男女は同じ可能性をもつ」というもう一つの原則が加わっています。それは、「男性・女性という理由だけで、人のやりたいことへの可能性に制限を加えたり、邪魔をしてはならない」という面を強調したものです。つまり、男女の性差別がない社会では自分のやりたいことに対して選択肢が広がる、ということを意味しています。

量的平等と質的平等

スウェーデンの男女平等を語るときには、「量的平等」と「質的平等」という二つの定義が指摘されます。これらの平等定義が二人三脚で進めば、男女平等の社会の構築がよりスムーズに進むという理論です。

ちなみに、スウェーデン語では「男女平等」のことを「jämställdhet《イエムステルドヘット》」と綴りますが、この言葉は「均等」という意味合いが強いものとなっています。「均等」は、英語やスウェーデン語でも「バランス」と言います。つまり、社会における男女関係は、できるだけバランスが取れていることが望ましいという意味が含まれています。

「イエムステルドヘット」に含まれている量的平等と質的平等を簡潔に定義すると、次のように言い換えることができます。

量的平等

男女の量的平等とは、さまざまな分野での男女間の格差を数値化して、それを是正した男女平等の状態を指します。賃金レベル、職業別の就労人数、高等教育を受けた人数、家事育児にかけた時間など、男女別の違いの比較を百分率（パーセント）で数値化して表すことによって人々は不均等や不平等な状況を容易に知ることができます。すると、それを是正しようとする

「イェムステルドヘット（平等）」に含まれる二つの意味（イラスト：丸岡萌）

気運が社会に高まり、政治を動かしてしまうのです。

これに関する成果の例を幾つか挙げましょう。

一九六〇年代においては、国会議員数で女性が占めた割合は一〇パーセント程度でしたが、現在では女性議員数や大臣数は男性とほぼ互角となっています。そして、全国の公共機関や自治体の管理職ポスト、また大学生の数では、男女差がまったくありません。男性のステータス職業だった医師、弁護士、会計士、ジャーナリスト、建築士などでも女性の進出が著しく、その数は同等か、女性のほうが多くなるといった傾向にあります。

育児や家事の分野ではまだ母親の負担が多いわけですが、それでも毎年改善傾向が見られており、近年では、父親が育児を行った平均時間は全育児時間の三〇パーセントを占めるまでになっており、この面でも世界を大きくリードしていると言えます。

質的平等

これは数値化することが難しいもので、人の心の中にある性別的偏見の思いがない状態を意味しています。つまり、男性、女性だからという理由で一方の性の人を見下げたり、優先したり、差別をしてはいけないということです。

たとえば、男女が入り混じった会合や会議において参加者に意見を求めたとき、議長の目線が男性のほうに多く向けられるといった場面を誰もが経験していることでしょう。ほかにも、女性の意見が軽く受け止められ、男性のほうの意見が尊重されるというケースも多いはずです。

話すテーマによっても男女差別があります。政治や経済など、社会重要度が高いと思われるテーマは男性を中心にして進み、家事育児、看護・介護、家庭衛生などといったテーマは女性に向けられ、男性は傍観的な立場をとっています。

無意識ですが、人の心の中には、性別によってやるべきことを仕分けするといった役割基準があるのです。しかし、その基準は漠然としたものであり、男性のほうが体力的、社会的、収入の面でも優れているという単なる思いこみでしかありません。

内面化された性別規範

これらのことを裏付けるエピソードはいくらでもあります。過去には、スウェーデンでもありました。一九九〇年代にスカンジナビア航空（ＳＡＳ）が最初に女性パイロットを採用したときの話です。

離陸直前の機内アナウンスで「当機のキャプテンはスザン・リールです」と流れると、乗客にざわめきが起き、一人の男性乗客が突然立ちあがって、「降ろしてくれ！」と叫んだのです。もちろん、このような要望は無視されましたが、この男性は、パイロットのような重要な仕事は男性の仕事で、「女がやるべきではない」と思っていたのでしょう。

最近の日本では、東京オリンピック・パラリンピックの組織委員長であった森喜朗氏が、「女性が多くいる会議では時間がかかる」と発言したことが女性中傷だと批判を受けていましたね。これも、女性偏見という思いが心のどこかにあったからで、質的な男女平等意識に欠けているとしか言えません。

何の根拠もない、男女別役割という思いを人は心の中に秘めているものです。そして、社会の大事なことは男性の役割という、内面化された規範に縛られている人がまだまだたくさんいるのです。

先に挙げた「質的平等」は心の問題であって、男女は本当に平等であるという思いが心の奥にあることを意味しています。人の心の奥に潜んでいる性差別意識（ジェンダー・バイアス）はかなりしつこいもので、すぐに変えることはできないでしょう。要するに、新しい価値観が人々の心に培うまでには時間がかかるということです。

ですから、人に指摘されたり、法や制度が変わったからといって、すぐには受け入れられないのです。それだけに、子育てや学校教育、さらには成人教育での男女平等への取り組みが欠かせません。

これらのことを踏まえると、スウェーデンにおいて男女平等が進んだ大きな理由として、量的と質的な男女平等政策が並行して行われたことが挙げられます。

垣間見た日本の男女平等

ヨーロッパでの生活を通して、日本人であることを誇りに思ったことが多々あります。ヨーロッパ人の目から見た日本人は、礼儀正しい、真面目、勤勉、よい製品をつくるなどと「いいことずくめ」なのですが、ひとたび男女平等のことになると、突然イメージダウンとなってしまいます。

その理由は、世界における「男女平等ランキング」や「ジェンダーギャップ」などの国際比較において常に下位に位置していることや、テレビや新聞のメディアから流れる日本で起きた男女差別のニュースがたびたび欧米人を驚かせているからです。いくつかのエピソードを挙げてみましょう。

日本には、人々を戸惑わせる慣習や迷信が多く伝承されています。日本国内にある聖域では、「女人禁制」と称して女性の出入りを禁じているところがまだあります。「あそこに女が入ると汚れる、祟りがある」などと大人が真面目な顔で言うと、子どもたち、とくに女の子たちはおののきます。

日本が誇る国技の大相撲ですが、その土俵上は神聖な場所として、女性が上ることは禁じられています。

二〇一八年四月四日、京都府舞鶴市で開かれた「大相撲舞鶴場所」の際、土俵上で挨拶をしていた多々見良三市長が、クモ膜下出血を発症して意識を失い転倒しました。すぐさま応急看護をしようとした女性看護師たちに、日本相撲協会の行司たちが「女性は土俵から降りてください！」という場内アナウンスをしたのです。このとき、土俵下にいた相撲協会員が女性たちに対して、「下りなさい」と直接指示をしていました。

女性は汚らわしいとする神聖な土俵は、人の命よりも尊いのでしょうか？　伝統文化と

両国国技館の土俵（1910年）

されるさまざまなことに対しても、時代に適合した進歩性があってもよいはずです。このようなことも、男女平等という観点から考えるべき課題だと思われます。

もう一つ紹介しましょう。二〇一六年、夏の全国高校野球大会が開かれる甲子園球場において、ある代表校の女子マネジャーがグラウンドに入ったところ、彼女に退場命令が下されたのです。当時の大会規定には、グラウンドへの入場は男子部員だけというルールがあったそうです（二〇二二年に改正）。

これに対して、多くの人たちから「女性差別だ」として批判があったわけですが、大会関係者は、「ボールが飛び交うグラウンドにヘルメットなしの女子がいては危険という思いやりに基づく配慮だった」、と弁解したそうです。

もし、これが本意なら、男子に注意をするときと同じように、「ヘルメットをかぶって！」と女子に注意すべきであって、グラウンドから退場させる必要はなかったはずです。こんな不可解さも、男性優先とする「男女不平等」のケースとして海外で報道された例となります。

もっとも違和感を覚えるのは、日本の閣僚が変わるたびに世界に流れる「新閣僚のひな壇上」の記念写真です。これからは「女性が活躍する時代」とスローガンが掲げられている割には、閣僚二一名に入る女性はいつも二、三名です。二〇二三年一月現在も、岸田第二次内閣において女性は、永岡桂子文部科学大臣と高市早苗経済安全保障大臣の二人だけでした。あまりにも、本音と建前が違いすぎているような気がしてなりません。

どこの国にも男女差別という歴史があるわけですが、とくに日本には、女性が男性を「もてなす」、「尽くす」、「支える」ことを美徳として固持しようとする人たちが現在でも多いように見受けられます。

古くには、花街における芸者、最近ではキャバクラなどで女性が接客するというサービスがあるほか、お祭りや記念行事において、裏方の「賄い役」をするのは女性と決まっています。このような光景、ヨーロッパの国々で見ることはありません。「日本には日本のやり方がある」と主張する人たちがいることでしょう。もし、本気でグローバル化が進む社会において世界の人たちとともに歩んでゆこうとするならば、「今ある性的差別の障害物を一つ一つ吟味・検討して、意識改革をしていく必要がある」と私は訴えたいです。

文化的に守るべきものと、時代に沿った変化というものがあってもいいはずです。今後も、前述したような事象が継続するとしたら、男女平等社会を目指すこれからの子どもたちに不可解なメッセージを発してしまうことになります。

日本の学校教育では男女平等がかなり進んでおり、教育レベルでは男女が拮抗するほどの状態になっています。にもかかわらず、一歩社会に出ると一変してしまい、男女に大きな格差が出てきます。社会における日本女性の所得、キャリア、政治参加などにおけるエンパワーメント（社会での力）が著しく脆弱なのです。日常を見れば、わざわざ私が述べるまでもないでしょう。

女性の活躍を阻む隠れた障害物はまだまだあります。転勤制度もその一例です。妻の就労やキャリア、子どもの学校、友だちや部活動などを一切無視した形で男性に課された転勤制度は、コロナ禍によるテレワークの経済効果の面からだけでなく、男女平等の視点からも考えてみるべき課題ではないでしょうか。

いずれにしても、古くから培われてきた価値観はそう簡単に変わりません。大人のやることを見ながら育ち、成長する子どもたちが、ここで述べたようなことを「正しいものである」と受け取ってしまっては、未来永劫、男女平等の社会にたどり着くことはできません。そのためにも、伝統文化や慣習であっても、時代に沿った変化があってよいのではないでしょうか。

こんな疑問を抱く私はまちがっているのでしょうか？　今現在、社会を動かしている「あなた」に考えていただきたいテーマです。

第2章 男女平等と子育てとの関係はどのようなものなのか

男女平等と子育ての間には深い関係がある（イラスト：丸岡萌）

理念と現実

現在では、「男女平等」という言葉は日本でもごく日常的なものになり、「当たり前のことです」などと話す人が増えてきました。しかし、前章でも述べたように、人によって男女平等のとらえ方はかなり違っています。毎日の生活や活動のなかで、何が男女平等なのか、不平等なのかと、戸惑う人がかなり多くいるようにも思えます。一体、男女平等とはどういうことなのかについて、ジェンダー論的な視点から触れてみます。

男女平等の理念には、「人は男と女という生まれついての違いこそあれ、社会的、文化的な面で性的区別や差別をしたり、されることがなく、誰もが一人の人間として尊重され、同じ権利と義務をもって社会で生きてゆくことができる」という基本的な価値観が包含されています。

この言葉は、私個人の男女平等に対する理念・価値観を表したものですが、ほとんどすべてのスウェーデン人がもつ理念・価値観ともなっています。それぞれが表現する際には多少ニュアンスの違いが見受けられますが、まちがいなくスウェーデン社会のコンセンサスになっています。というのも、差別禁止法（以前は男女平等法）、学校カリキュラム、労働組合法や規約、地方自治体法などにおいても謳われているからです。

この価値観からすると、同じ仕事をしているなら、男性とか女性だからとういう理由で労働条件や賃金に格差があってはいけませんし、選挙で一票を投じているなら男女差別なく政治に関与すべきですし、共働きの家庭では、家事や育児・子育てが母親に偏ってはいけないということになります。しかし、現実はそうではありません。社会の至る所で、男女格差という不平等さを目にします。それは、社会にはまだまだ男女平等に疑問をもっている人や、無関心な人がたくさんいるという証明となります。

そのような人たちのなかには、「女性しか子どもを産めない」という生得的な女性属性論のフレーズを唱え、それをさらに育児、家事、介護の分野にまで広げてゆき、男女の性別的な役割を正当化したうえで、これらのことを女性がやるのは「当然だ」とか「適性である」などと、かなり身勝手な方向に議論を展開していきます。

たしかに「身ごもる」ことは女性にしかできませんが、その期間は、長い人生から見るとほんの束の間のことなのに、その後の子育てや家事までを母親が一手に担い、自らの人生設計を諦めてしまうという女性がたくさんいます。

「私」の生い立ちに立ち戻るとき

育児・子育てばかりでなく、家事、料理、さらには介護なども女性の役割と決めつけている人がいまだにたくさんいます。どうしてでしょうか?

その大きな理由の一つとして、その人たちの生い立ちが挙げられます。

子どもは自分の親や周りの大人たちの様子を観察し、その言動を受け入れて自らの価値観を形成していきます。ところが、今の親や祖父母となっている人たちのほとんどは、従来からの男女別の役割が当たり前という考え方を踏襲した人たちです。その人たちが引き継いだ子育ての仕方には、男女平等などという考えがなかったはずです。このような家庭で育った人は、社会や家庭で起きている男女不平等の姿を見ても、気に留めることはないでしょう。

人は、幼いころに食べた料理の味を大人になっても思い出すことができますし、習い事などは身体が覚えているものです。これらと同じように、幼いころに親や周りの人たちから言われたことや教えられたことは、無条件に「正しいこと」として受け入れてしまいます。そして、この記憶がその人の価値観の形成に大きな役割を果たすことになり、大人になってからの生き方や人との交わり方に大きな影響を及ぼしてしまうのです。

男らしさ・女らしさ？

子育てにおいて、親が子どもにもつ男女別の役割意識は、子どもが生まれる前からはじまっていると言われています。

誰しも、妊娠を知ると、生まれてくる赤ちゃんの育て方をいろいろと想像して心をときめかします。また、性別に関してもさまざまな思いを募らせます。もし、生まれてくる赤ちゃんが男の子であったら、男の子らしいものを買いそろえて、男の子にふさわしい育て方をしようと考え、逆に女の子だとしたら、女の子らしく、と考えたりします。

そして、生まれて間もなくすると、親や周囲の大人の赤ちゃんとの接し方や話し方が性別によって変わってきます。男の子だとしっかりと抱きしめて、「たかい、たか～い」をしたり、ほめ言葉も「しっかりして強そう！」などと、男の子にふさわしいと思われる言葉を選びます。一方、女の子だと、まるで壊れものを扱うかのように胸元で優しく包みこみ、「やさしそう、可愛い！」などといったほめ言葉が多くなります。

生まれて間もない赤ちゃんに対しては性別をあまり意識しませんが、大きくなるにつれて、徐々に「女らしさ、男らしさ」の子育てがはじまるわけです。物心がつきはじめる年ごろになると、みなさんご存じのように、「男の子らしく〜」とか「女の子らしく〜」という類の、性別を意識したしつけや教えが多くなっていきます。

ところが、その教えの多くには、男女という性別とは何の関係もないことがたくさんあります。「男の子なんだからメソメソしちゃダメ！」とか「女の子は可愛くしようね！」といった言葉です。

これと同じようなことが、大人の世界でもたくさん起きています。家庭だけを見ても、やろうと思えばできる家事や料理、育児・子育てをするといった父親が少ないというのが一般的となっています。

子どもがいる共働きの家庭でも、毎日、朝早く起きて、夫や子どものためにお弁当を用意しているのは母親です。人は「愛妻弁当」と褒めたたえたりしますが、「愛夫弁当」と言う人の話を聞いたことはありません（少なくとも私は）。

家事や育児・子育てに関する書物の読者ターゲットは、ほぼすべてが母親となっています。でも、幸いなことに、日本でも「このままではいけない」と思う人が増えてきたようで、男女平等の考え方に「追い風」を感じるようになりました。

事実、職場での女性のお茶くみといった姿が消え出し、賃金の男女格差も徐々にですが縮まる傾向にあります。女性へのセクハラ行為が社会的に問題視されたり、女性が重要なポストを占めるといったケースも増えてきました。さらに、男性のなかにも男女平等の流れに賛同する人が増えていますし、育児休業を取得する父親も、緩やかですが増えてきているようです。

このように、ゆっくりですが、日本も男女平等の社会に向かっていることはまちがいありません。しかし、その進展速度がまだまだ鈍《にぶ》いというのが現状です。そのため、いまだに男女格差については、世界のなかで「どん尻」の地位を占めているのです。

男女平等の価値観を心の中に築きあげる

なぜ、こんなにも進展速度が鈍いのでしょうか。その理由は、口では男女平等を理解したようなことを言っていても、本心からそう思っている人が少ないからです。

それぞれの人がもっている価値観、つまり「どのように生きていくか」という基準となるものですが、他人から言われて「はい、ではそうします」という具合に簡単には変えられません。仮に、他人から言われたことを「自分のもの」にする場合でも、それなりの年月がかかるほか、それに基づく体験がなくてはならないでしょう。

幼いころから培ってきた価値観を、社会の風潮が変化したからといって、すぐに順応するというのは難しいのです。国が男女平等政策でさまざまな法律や規制で男女格差を縮めようとしても、人々の気持ちが伴わなければスムーズには進みません。

男女平等を意識した子育てをするということは、言うまでもなく、子どもたちが大きくなったときの社会が、現在よりも男女平等が進んでいることを前提としています。「男女は本当に平等です」という価値観を心の中に形成するためには、くどいようですが、それなりの時間がかかるということです。

我が子が男女平等の意識をちゃんともった大人になって、男女格差がない働き方や家庭生活ができることを願うのであれば、幼いころから男女平等を意識した子育てに努めなければなりません。その具体的なやり方、つまりマニュアルのようなものはほとんど見当たりません。なぜなら、親が男女平等をどのように捉えているのかによって子育ての仕方が変わってくるからです。

親がもつ男女平等意識の深さの度合いによって、家庭生活も子育ても大きく変わります。子どもは親の言動を毎日聞きながら成長しますので、その言葉が大きな影響を与えることになります。つまり、男女平等を意識した子育てを強く望むのであれば、まずは親自身が男女平等の認識を深めていく必要があります。

その一つとして、自分たちが幼いころから培ってきた考え方や行動に、男女別とされる慣習があったか否かを検証してみましょう。大人になった人たちが幼いころに教えられたことを思い出してみると、多くの面において、性別とは何の関係もなかったことに気づくはずです。

「女の子らしくしなさい！」とか「男の子のくせに！」などと親からよく叱られたことがあると思いますが、果たして、そのようなお叱りの言葉は本当に妥当なものだったのでしょうか。改めて考えてみてください。

性別を意識した子育ては、考えてみればかなり面倒な育て方です。やること、なすことに「男の子らしいのか？」とか「女の子らしいのか？」と、いちいち頭を悩ますことになるからです。それよりも、「男の子も女の子も一緒」と、性別にこだわらない個性を優先した子育てのほうがずっと楽なはずです。

親に求められるのは、「男女は平等」という基本的な思いをもつことです。この思いが少しでもあれば、それを土台にして、ジェンダーや男女平等に関する日ごろのニュースや話題に耳を傾けられますし、子育てに関して適切と思われる情報が発見できるはずです。たとえば、「自分が子どもに示した言動は正しかったのか否か」と、男女平等の観点から自問自答したり、夫婦で話し合ったりするというのもいいでしょう。

日々の努力、そして意識のもち方によって、親と子どもが一緒になって男女平等の価値観を心の中に築きあげることができます。一人ひとりが取り組めば、力強い男女平等の社会の構築につながります。男女平等と子育てとの間には深い関係がある、と認識してください。

第3章

プレスクールはヒントの源泉

夢中になって遊ぶなかで、日々子どもたちは新しい世界を発見している
（イラスト：丸岡萌）

大切な価値観を育む場所

全世界、どこの国の親も、子どもがヨチヨチ歩きをはじめるころから子どもの将来を考えて、どのような子育てをすればよいのかと情報を収拾しはじめています。そんな疑問にこたえてくれる身近な相談相手となれば、すでに子どもがいる友人や子どもの祖父母となるでしょう。

もちろん、子どもの発達状態や育児での悩み事について相談できる地域の育児相談室などでアドバイスをもらったりもするでしょうが、そこでは、子どもをどのような人間に育てたらよいのかという相談には、簡単に応じてくれないはずです。

男女平等が進んでいるスウェーデンでも、「うちの子を、性差別などをしない人間に育てるにはどうしたらいいでしょうか?」と相談する人はいません。

すべての親が、健康で元気に育ち、人間的に曲がったことや悪いことをしないという子どもになって欲しいと思って子育てをしています。しかし、どのようなことを教えるべきかについては、親がもっている価値観によって大きく変わってきます。

プレスクールは人生の最初のステップ（写真：谷沢英夫）

スウェーデンの人たちにとって「男女平等」は、人間形成において欠かすことのできない基本的な価値観となっています。そうなるための知恵や知識は、どこから得ているのでしょうか。その一つが、プレスクール（就学前学校）で行われている男女平等を意識した幼児教育です。それが、家庭における子育てに影響を与えています。

たくさんの友だちがいて、みんなと一緒に何かをしたり、お話を聞いたり、話したり、物事の良し悪しについて知ったり学んだりするところ、それがプレスクールです。そして、そこは、親にとっても子育ての知恵やヒントがたくさん得られる場所となっています。

スウェーデンのプレスクール

スウェーデンのプレスクールは、子どもを保育するという役割のほかに、就学前の教育の場として、国が定めたカリキュラムに沿った形で幼児教育が行われています。プレスクールは、子どもたちにとっては、生涯教育における「最初のステップ」という位置づけになっています。

プレスクールには、一歳以上になると入校（入園）できます。その入校比率は、一歳児数で五〇パーセント、二歳以上になると九〇パーセントを超えています。六歳になると就学前準備として、年間五二五時間、一日三時間程度の授業が義務となっていますので、この授業にはプレスクールに入校していない子どもも出席することになります。

六歳児は「プレスクールクラス」と呼ばれ、保育教員と小学校教員の二名が同時に担当します。ここでは、科目的な勉強ではなく、社会や学校の基本的なルールを学びます。子どもたちが保育環境から学校へスムーズに移行するための下準備、これが目標となっています。

スウェーデンは専業主婦がいなくなった「共働きの国」ですから、ほとんどの幼い子どもたちは、日中の多くの時間をプレスクールで過ごしています。一方、小学生の多くは、学校を終えてから専門職のスタッフがいる学童保育園で過ごしています。

スウェーデンは、出産後の育児休業や復職を完全に保障している国です。出産前後から親の有給育児休業（給料の約八〇パーセント）が四九〇日間もあるため、一般的には親のどちらか、あるいは交代をしながら、少なくとも一年間は家庭で育児をして、その後、徐々に職場へと復帰していきます。このような背景があるため、プレスクールへの入学年齢が満一歳からとなっているのです。

家族が住む自治体は、希望するすべての子どもの入園先を提供するという義務があるため、既婚女性が働きだした一九六五〜一九八〇年代に存在していた待機児童は、現在、スウェーデン中どこを探してもいません。

共働き世帯が増えた一九八〇年代に、短時間の保育を行っていた幼稚園が自然消滅して保育園だけとなりました。そして、一九九八年に保育園は「プレスクール（就学前学校）」と改名され、学校教育制度に含まれたうえで、私立も含む全国のプレスクールで、国が定めたカリキュラムに沿った保育・幼児教育がスタートしました。

プレスクールのカリキュラムには、学科や学力目標といったようなものはありませんが、子どもたちが民主主義国家の構成員として育成するための、スウェーデン社会が求める基本的価値観の植え付けが求められています。したがって、プレスクールの教職員は、この価値観を軸にして常に子どもたちと向かいあっています。

基本的価値観の冒頭には、「人間の命の尊厳、個人の自由と不可侵、人々の同一価値、男女平等、弱者や脆弱者との連帯」が掲げられており、以下のように記載されています。

・個人の命は尊く、誰からも邪魔されず、自由に生きることができること。
・一人ひとりの人間の価値は同じで、男女は平等であること。
・社会の弱者（疾病、経済的貧困などによる人たち）や脆弱者（戦争難民者、政治・宗教逃亡者など）への連帯感と思いやりの心を育むこと。

この価値観は「スウェーデンの価値観」とも呼ばれており、福祉、教育、労働、そのほかのあらゆる社会活動を支える民主主義の土台となっています。また、カリキュラムには、男女平等をどのようにして子どもたちに実践するのかといった具体的な保育・教育の仕方は示されておらず、教師自身に委ねられています。日本では教師のマニュアルとなっている「指導要領」がないということです。

男女平等の政策は一九九〇年代に入ってからもヒートアップし、常に政治における主要テーマ五つのうちの一つとして挙げられてきました。幼児教育分野に財政的な支援が提供され、保育教育者を対象とした男女平等研修会や勉強会といった活動が全国的に展開されていったのです。

その結果、多くの成果が社会に現れたわけですが、なかでも注目されたのが、保育活動を長期にわたってビデオ撮影した観測分析でした。いくつかのプレスクールの教師たちが、自らの保育・教育活動を一年近くかけてビデオ撮影し、その記録をエビデンスとして研究会や講習会などで全国に紹介したわけです。

ビデオ観察が明らかにしたこと

ビデオ観察は、教師にとっては「目から鱗が落ちる」ような驚きの発見がたくさんありました。というのも、これまで教師たちは常に男女差別のない平等社会に向かいあって保育をしてきたと自認していたのですが、「実はまちがっていた」という面がたくさんあったのです。

根本的なまちがいは、教師たちが子どもたちに対応するときの姿勢でした。男の子と女の子に対して、さまざまな点において異なった対応をしていたのです。その理由として、「教師たちに潜在的な性別役割という意識があるため」といった指摘がなされていました。

たとえば、次のようなことです。

・ランチの準備やオモチャの片づけという依頼を女の子にすることが圧倒的に多い。
・外遊びでの着替えの際、お友だちの着替えの手伝いを女の子に依頼する。
・モノを運ぶときや組み立て作業をするときは、主に男の子に依頼している。
・オモチャの選択では、女の子には、ぬいぐるみ、お人形、ままごと遊び用品などといった「静的」なものが多く、男の子には、自動車、レゴのような組み立て用品などといった「動的」なものをすすめている場合が多い。読み聞かせをする際のテーマ選択でも、同じような男女区別が見られた。
・毎朝のミーティングや食事テーブルの会話では、男の子のほうが圧倒的に発言の回数が多く、女の子の発言機会が少ない。また、話している最中に男の子が邪魔をするケースがたびたびあったが、それを黙認している場合が多かった。

このような偏った対応を見逃しているのは、教師たち自身に「男の子だから」、「女の子だから」という潜在意識があるためという点をビデオ観察が明らかにしたのです。

これらだけでなく、男の子と女の子の振る舞いにおける違いも確認されています。たとえば、以下のようなことです。

食卓の様子を観察してみると…。（Wahlström, Kajsa. Flickor. pojkar och pedagoger, 2003, p5/Illustrator : Gunnar Kaj）

・遊び場のスペースを、男の子たちが広く占領している。
・怒鳴り声、威嚇的な言動をするのは圧倒的に男の子。
・泣いていたり、困っている友だちを慰めたり、同情的なのは女の子のほうが多い。
・詳しい物事の説明や言いたいことに対する表現力が優れているのは女の子。
・友だちが話している最中に割りこむのは男の子が多い。「我先」にと、声高に自己主張をするのも男の子のほうが多い。
・外出準備をする際、いち早く外に出ようと競うのは男の子。女の子のほうは、友だちを助けたりしながら準備する場合が多い。

これらの事実を知った親たちは、女の子が男の子より話上手で、思いやりがあり、優しいことなどは納得できるとしたうえで、男の子に関しては、「男の子だから仕方がない」とか「男の子なのだから、少しぐらいやんちゃでもいいのではないか」というような姿勢を示していたようです。

何となく同意してしまうような内容ですが、このような振る舞いをなおざりにしたまま子どもたちが育ったとしたらどうなるでしょうか。もし、大人の世界でも同じようなこと

図１　朝のミーティングで先生と子どもたちとのお話の流れの記録

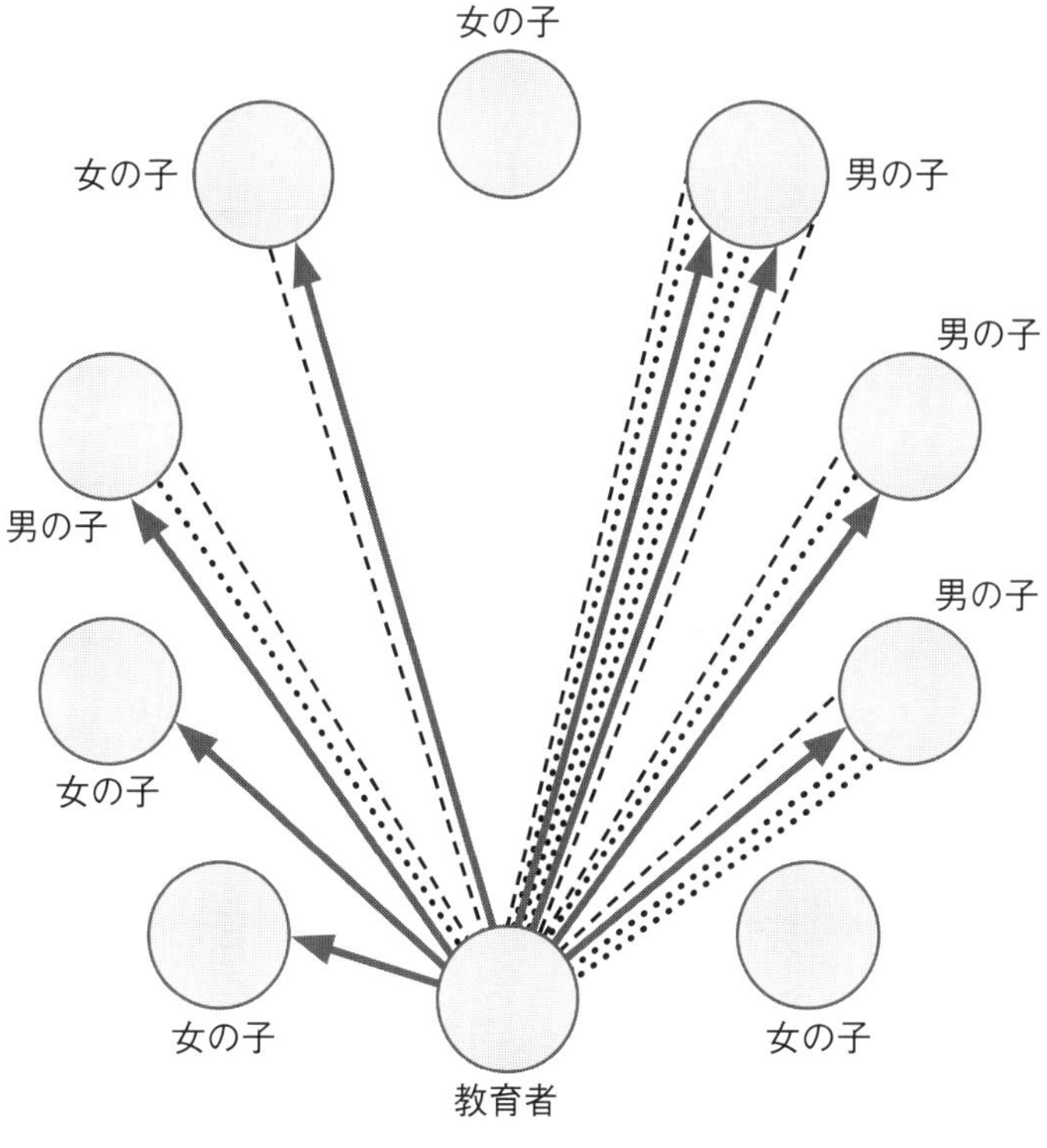

上の図は、隠れた男女不平等がプレスクールで無意識に行われていたことを裏付けた／発見した記録の一例です。会話の中心が特定の「男の子」であることが分かります。

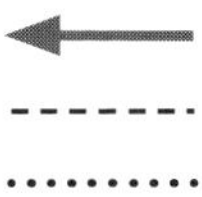太い実線は、教師から子どもに話しかけた。
横点棒線は、子どもが教師の問いかけに答えた。
点々線は、子どもが自由に教師に話しかけた。

（出典：Wahlström, Kajsa. Flickor, pojkar och pedgoger, 2003, p47.）

が起きているとしたら、指摘された事柄を簡単に見逃すわけにはいきません。男女平等を意識した子育てにおいては、早い段階でこれらの偏りを正していこうとする努力が必要となります。

ほかにも、教師たちが気をつけるべきヒントがたくさんありました。

・子どもの健康や身なりのことは母親と話し、スポーツや工作のことは父親に話す。
・子どもが急病になったとき、最初に連絡するのは圧倒的に母親が多い。
・洋服が汚れたり、ボタンが取れたりしたとき、「ママに洗ってもらってね」とか「ママにボタンを付けてもらってね」と、母親を特定している。
・自転車が故障したときには、「パパに言って、直してもらって」と父親を特定している。
・サッカーが好きな子どもには、「パパともっと練習したら上手になるよ！」と父親をすすめている。

これらのことは、目くじらを立てるほどのことではないように思われますが、両親のどちらかを選んで指名するより、「ママとパパ」、もしくは「パパかママ」と言ってもよいのではないでしょうか。

子育てを理解しようとする社会

このようにしてプレスクールの教師たちは男女平等に関する認識を深めていき、子どもたちに接する場合の姿勢も変わりだしました。しかし、ここまで来るには何十年という長い時間が経過しているのです。

念のために言いますが、スウェーデンのプレスクールにおいて男女平等を意識した新しい保育幼児教育の推進がスムーズに行えた背景には、社会全体が男女平等に向けて進捗していたという現状があったからです。

保護者と教師たちとの距離は身近なものです。プレスクールは少人数の小規模体制ですので（平均：一組の児童数一五〜二五名、職員三〜四名）、教師が子ども一人ひとりを見守る体勢に余裕があることや、保護者との接触も日常的に容易となっているため、子どもの成長などについて話し合うという信頼関係が築きやすくなっています。このような環境もひと役買っていると言えるでしょう。

スウェーデンにおいては、社会全体が子育てについて理解しているという雰囲気がありますから、家族の疾病や緊急事態などの際に仕事を優先するといったことは決してありません。子どもが急に風邪を引いたり、怪我などによる一時的な疾病看護における有給休業の取得率は、母親のほうが約六〇パーセント、父親が約四〇パーセントとなっています。まだ少しの差がありますが、大きな前進を示していると言えます。

働き方においても、残業はほとんどなく、子どもがいる人には柔軟な出勤時間が認められているというのが普通となっています。

プレスクールの開閉時間は、一般的に朝六時半から夕方の五時半までとなっていますが、親はお互いの就労時間を調整しつつ、子どもの送り迎え

お迎えが来るころのプレスクール（写真撮影：谷沢英夫）

を行っています。また、子どもがプレスクールにいる時間は、一日平均六～七時間と、可能なかぎり短くしています。

このような環境下となっているため、保護者と教師たちとの間では毎日のように会話があり、そこから多くの親たちが子育てのヒントを得ているわけです。

そのほか、保護者会や子どもと両親が一緒に参加するという個別の成長相談会でも、家庭で役に立つ男女平等の子育てに関するヒントが提供されています。言ってみれば、プレスクールは子育てにおける「知恵の泉」となっているわけです。

冒頭に述べたように、共働きの国スウェーデンの子どもたちは、一日の大部分をプレスクールで過ごしています。そこで子どもたちは、ほかの子どもたちと交わりながら社会のルールを学び、教えられたことを土台にして自らの価値観を形成していきます。保護者のほうも、その道案内をしている幼児教育者との日常的な触れあいから、興味深い子育てのヒントをたくさん得ています。

第4章

スウェーデンの社会に学ぶ

おしゃぶりを木につるして「さよなら」をする習慣はスウェーデンのプレスクールが発祥（写真提供：Bits and Splits-stock.adobe.com）

これから紹介する「男女平等を意識した子育てについてのヒント」の多くは、プレスクールで展開している保育・幼児教育を参考にしたものです。これが読者のみなさんにとって大きなヒントとなるのかどうかは、みなさんの男女平等に対する認識の深さや考え方によってかなり変わってくるでしょう。

紹介するヒントは、ある人にとってはとくに目新しいものではなく、逆にある人にとっては「目から鱗」という状態かもしれません。ジェンダー論に通じた人や保育士など、男女平等の幼児教育を学んだ人にとっては「当然のこと」として受け止められるようなものですが、実際にスウェーデンで実行されていることです。

父親と母親にできること

父親と母親が支えあう姿を見せよう

男女平等を意識した子育ての一番大切な場所は家庭です。家庭という環境のなかで展開される人々の言動（behavior）が子どもの成長に大きな影響を与えるという経緯ついては先にも述べました。

日本でも「子どもは親の背中を見て育つ」とよく言われますが、まさにそのとおりで、幼い子どもは、親のやることや言うことを、見たり聞いたりして成長していきます。顔立ちや体型は親に似てしまいますが、物事に対する判断や価値観は、人から教えられたり、見たり、経験するといった形でゆっくりと形成されていきます。

幼い子どもにとっては、いつも側にいてくれるのがお父さんとお母さんです。その二人が家庭で話す言葉によって、男女平等の価値観が芽生えると同時に形成されていくわけです。

お父さんとお母さんが、すべてのことについて話しあい、労りあい、助けあって物事を進めている姿を見ながら育った子どもは、将来の人間形成において大きな影響を受けることになります。

男女平等を意識した子育てを望むのであれば、家庭で展開される不平等なことは極力避けて、お互いを尊重した言動が繰り返し見られなければなりません。子どもの前でこそ、両親同士の愛情深い言葉や行為があるとよい、ということです。

共働きの家庭では、両親ともに時間に追われ、疲労やストレスがたまり、ついつい、きつい言葉を発してしまうという場合があります。そんなときでも、「ありがとう」というひと言や、相手をねぎらうという優しい振る舞いが望まれます。

家庭で起きる不和やトラブルといったものは、両親に男女平等の意識が低いことが原因で生まれます。

「それは男のやることでしょう！」とか「そんなことは女がやることだろう！」などの性別役割を押し付けた言葉が飛び交う家庭ほど、お互いを責めてしまうという刺々しい雰囲気をつくってしまいます。このようなことが日常的に行われると、子どもは何の根拠もなしに「男女ごとに役割があるんだ」思い、その意識が身についてしまいます。

お父さんとお母さんが、どのようなことに対しても、物静かに話しあって物事を解決していく姿を見せることが大切です。そこに、偏った命令的な言葉や威嚇するような行為があってはいけません。

「俺の言うことが何で分からないのか！」、「生意気なことを言うな！」などといった叱咤の言葉を発するのはお父さんのほうに多いわけですが、これは絶対タブーです。このような雰囲気の家庭で育った子どもたちが大人の社会に入ったとき、男性優位で物事が進んだり、女性がお茶汲みをしていても、何の違和感も覚えない人になってしまいます。

現在では、お父さんに負けないくらい言い返すというお母さんもいるようですが、黙りこんでシクシクと泣いたり、ヒステリックに叫んだりするのは、やはりお母さんのほうが多いと言われています。当然、これも感心できません。

家庭は争いの場ではありませんから、夫婦や親子であっても、一人ひとりの人格と尊厳が尊重された話しあいがなくてはいけません。

お父さんとお母さんが物静かに話しあっている家庭では、穏やかな雰囲気がかもしだされています。ハグやスキンシップなどといった愛情表現があると、さらに優しい温かさを感じるものです。お父さんとお母さんが労いの言葉でハグをしたり、肩を軽くなでたりする仕草が、子どもの前でごく自然な形で展開されるほどよいということです。

恥ずかしがることはありません。このような雰囲気の家庭で育った子どもたちは、暴力的になったり、罵声を吐くような大人にはなりにくいものです。

日本では、人前で男女が愛情表現をすることを嫌悪するという文化がまだ根強く残っているようです。男は男らしく、女は女らしく振る舞うべきという考え方がまだ存在しており、その思いに沿った男女別の身振りや仕草がたくさん残っています。

ひと昔前の家庭の父親は強くて厳しく、母親は我慢強く優しく、子どもの前では夫婦の愛情表現は極めて控えるべきである、となっていました。夫婦であっても、人前や子どもの前で愛らしく見つめあったり、手をつないで歩いたりすることは、世間体や子どもの教育に悪いとされてきました。

しかし、そんな日本でも、人々の愛情表現がかなり変わってきました。街では手や腕を組む中高年層のカップルをよく見かけますし、『NHKのど自慢』では、観衆を前に男女のペアが見つめあって『二輪草』（川中美幸歌、水木かおる作詞、弦哲也作曲、二〇〇九年）を歌ったり、ラブソングを愛する人に捧げたり、歌い終わると「愛しているよ！」とか「大好きです！」と、声高に愛情をアピールする人が多くなりました。

そして、このような光景をほほ笑ましいと思う人が増えています。日本の人たちも、人前で愛情を表現するといった行為に対する抵抗感が薄れているようです。

家庭では、お父さんとお母さんが支えあったり、助けあったりするときの気持ちを言葉やジェスチャーで表すことが大切です。先にも述べたように、ハグであったり、背中を優しくなでたり、肩を軽く叩いたり、褒める言葉などがあるとなおよいでしょう。このようにしてお父さんとお母さんが何事に対しても支えあっている姿は、男女平等社会のミニチアモデルとなります。

子どもからすれば、両親の愛情深い言動や行動を見るのは、心地よいばかりではなく、心の中で男女平等の意識が芽生えるきっかけとなります。

父親が家事料理をする姿を見せよう

お父さんとお母さんがどのようなことについても話しあい、支えあい、労りあうことが子育てには大切だということを述べてきましたが、ここではさらに、お母さんに偏りすぎている家事の負担を減らし、お父さんが料理をしている姿を子どもに見せることの大切さについてお話します。

一九六〇年代、スウェーデンの小学校

キッチンでの男女平等についてもスウェーデンは高いレベル
（イラスト：丸岡萌）

低学年の社会科教科書に、「うちの家族」というタイトルのイラストがありました。そこには、お母さんが台所で体を丸めてせっせと料理をし、夕食を待っているお父さんはソファでゆったりと脚を組んで、新聞を読んでいるという姿が描かれていました。

広い居間にいるのは二人の子ども、お兄さんは鉄道のミチュアモデルで、妹は人形を持って遊んでいます。こうして、家族のみんなが、お母さんのつくる料理ができあがるのを待っています。

このような風景は、一見したところ平和で和やかな家庭雰囲気をかもしだしています。この家庭のお父さんは外で働き、母親は家事や育児に専任しています。日本でも「理想的な家庭」とされていた姿です。現在でも、お父さんの稼ぎがよく、経済的に恵まれている家庭では、このような様子となっていることでしょう。しかし、このような姿が共働き家庭に求められるとしたら、働くお母さんたちにとっては重圧となります。

共稼ぎが進む社会では、母親だけが家事を担うという理想像は人々から嫌悪され、非現実的なものとなっています。父親だけの収入では不十分となり、母親も働くようになると、母親だけが家事を担うというのは物理的に無理となるからです。それに加えて、女性の社会的地位の向上や自立が進んできたため、お父さんも家庭で家事や料理をするというのが当たり前となっています。

「男女共同参画社会に関する世論調査」（内閣府、二〇一九年）によると、「夫は外で働き、妻は家庭を守るべき」と思っている人がまだ三人に一人以上もいますが、その傾向は年々減っているようです。専業主婦のお母さんは、二〇〇二年では四七パーセント、二〇一〇年では四二パーセント、二〇一九年では三五パーセントと減り、働くお母さんが増え続けているのです。

このような傾向はどこの国でも見られますが、違いが著しいのは、日本の働くお母さんの家事育児への負担がどこの国よりも多すぎることです。日本の職場における男女不平等はかなり前から知られており、ほかの先進国からもよくそれについて指摘されていますが、現実の家庭では、同じかそれ以上に劣っているという認識が必要なようです。

経済協力開発機構（ＯＥＣＤ）の報告によると、先進国において、一番家事をしないお父さんは日本となっており、お母さんの一時間に対して、お父さんはたったの一〇分程度だそうです。

先の内閣府の調査でも、子ども世帯において家族が料理と後片づけに費やす一日の平均時間は二時間一八分となっていますが、このうちお母さんが二時間五分で、父親はたったの九分、そしてほかの人が四分となっていました。これでは、お父さんは何もしていないのと同じです！

本来でしたら、共働き家庭なら料理は交代で行うとか、料理が好きなほうがつくるべきでしょう。もし、二人ともが料理をするのが嫌いな場合は、やはり女性が圧倒的に多くなってしまいます。これでは、やはり「男女不平等」としか言えません。

男性が、料理はまったくできないとか、下手ということでは決してありません。誰もが、男性だって料理ができるということは承知しているはずです。その証拠に、料理を職業としているコックさんや板前さんのほとんどが男性です。最近では、男性タレントがテレビの料理番組において腕前を披露しているといった姿が多々見られます。

なぜ、お父さんは家庭で料理をしないのでしょうか。その主な理由は、幼いころから見てきた台所にはお母さんの姿しかなく、それが自然であり、家庭での料理は女性がやるべきといった偏った固定観念が根づいてしまっているからです。と同時に、この考え方を強く支えるという社会的慣習があるからです。

しかし、社会は変わってきています。人々のジェンダー平等への気づきは、さまざまな場面で変化をもたらしています。男性が料理をする姿もその一つです。最近のトレンドによると、男性をターゲットにしたテレビ番組や料理の本がよく見かけられるようになりました。どうやら、男性の料理熱が盛りあがっているようです。

家庭で料理をする父親が増えている様子を横目で見ながら、その傾向を感知している人がたくさんいるわけですが、「では、自分もやってみよう！」と行動を起こす人は残念ながらまだ少ないようです。

このように、「分かちゃいるけど……」という人がまだまだ多いわけです。そして、相変わらず、ほとんどの子どもたちはお母さんが料理をしている姿しか見ていません。

お父さんが家にいようがいまいが、お母さんが仕事から帰ってきて、あれやこれやと慌てふためき、買い物に出掛け、料理をし、洗濯や掃除などといった家事をする姿を毎日見続けて育った子どもたちは、家事はお母さんがやるべき役割であり、「母親とはこういうもの」という偏った価値観を自らに植えつけてしまいます。これではいけません！

共働き家庭においてお父さんの家事が免除されている理由として、「お父さんの仕事のほうが大変」とか「お父さんの給料のほうが高い」などを挙げる人がいますが、なぜそれらが理由で家庭では何もしなくてよいのかに関する正当な説明がないかぎり、子どもに男女平等の話をしても実感に欠けてしまうでしょう。

スウェーデンの若い世代の家庭では、誰が料理をするべきかという性別的な意識はなくなっており、キッチンでの男女平等は世界でもっとも高いレベルにあります。ところが、六五歳以上の高齢者の家庭を見ると、奥さんのほうがまだ料理を行っています。なぜこのような違いがあるのかというと、高齢者の人たちが育った幼少期時代のキッチンには母親の姿しかなかったからです。

しかし、ジェンダー平等の認識が深まった一九八〇年代以降に生まれ育った若い親たちが幼いころからキッチンで見ていたのは、両親がいっしょに料理をするという姿でした。第5章に掲載していますが、小学五年生を対象としたアンケート調査でも、「家庭の料理は、料理好きで上手なほうの親がやっている」と子どもたちが答えています。そこには、男女という性別役割の気配がまったくありません。

日本では、男性が台所に「侵入」することを嫌う女性がまだかなりいるようですが、スウェーデンでも、ひと昔前の家庭では、台所というエリアは男性が入りにくい「主婦の聖域」でした。

日本でよく耳にする話ですが、お父さんがたまに台所に入って棚や食器をいじることを嫌うお母さんが多く、「台所をいじらないで！」とお父さんが叱られ、お母さんのご機嫌を損ねてしまうといった光景が見かけられます。

このように、台所をお母さんだけのものにしてしまうと、男女平等について子どもに教えることはできません。お父さんにも台所の使い方を教える、または父さんといっしょに調理用品の使い方や食器の配置を決めておけば、お父さんも料理ができますし、メニューも増え、食事がさらに楽しく、バラエティーに富むようになること請けあいです。

共稼ぎ家庭において、お父さんが家事や料理をする姿を見て育った子どもは、男女平等が進んだ社会で生きることに違和感を覚えないようになります。逆に、お母さんだけが家事や料理をしていた家庭で育った子どもたちには男女平等の意識が乏しく、人間関係に少なからずの支障や不満を感じる場合が多いという研究結果がたくさんあります。

さらに無視できない視点として、働いている母親の健康面が挙げられます。お母さんの負担が増えすぎると、疲労とストレスがたまり、子どもが話しかけても、「今、忙しいからだめ！　あとで！」といった否定的な言葉が多くなり、ゆっくりと、親身になって話が聞けません。このような状態では、言うまでもなく、よい子育てはできません。

もう、説明は不要ですよね。家庭における男女平等の意識が欠けているため、このような状況になるのです。男女平等を意識した子育てでは、お母さんだけが家事や料理の負担を強いられるのではなく、お父さんやほかの家族が助けあうような生活習慣を築く必要があります。

最後に、忘れてはいけないもう一つの視点があります。

独り暮らしの男性高齢者に、栄養失調の傾向が多く見られるという報告があります。その主な原因として、料理ができない男性が多いことや、栄養面での偏りなどが挙げられています。このような人たちの多くは、若いときに自分で料理をした経験がほとんどなかったようです。

日本のお父さんにとっては耳の痛い話でしょうが、現実を見てください。独居老人男性の健康被害について、毎日のように報道されているはずです。偏った食事というのは、若い人にかぎったことではないのです。自らの生活スタイルを見つめ直し、性別に関係なく、料理することの大切さを子どものころから教えるようにしてください。

父親も育児をしよう

次に、お父さんが積極的に育児に参加することが、なぜ男女平等を意識した子育てにつながるのかについて考えていきます。

　赤ちゃんの成長というものは早いものです。あっという間に身体が大きくなり、手足を動かし、目や口の表情が豊かになっていきます。赤ちゃんの成長や健康に常に気を配り、親は緊張しながら大変な日々を送るわけですが、その大変さを忘れさせるほど、みなさんは成長していく喜びを強く感じるはずです。

　このような幸福感、母親だけでなく父親も味わうべきです。その機会を与えてくれるのが育児休業制度（以下、育休制度）であり、それが長く取れれば取れるほど幸福感が増していきます。

　父親が育児で得た喜びは、赤ちゃんか

赤ちゃんの成長を見守ることはとても幸せなこと（イラスト：丸岡萌）

ら子どもへと成長するプロセスに継続していきます。スウェーデンの観察研究では、育児休業を多く取得した父親ほどその後の子育てに積極的になることや、第一子が生まれたときに産休・育休をより長く取った父親の家庭ほど第二子が誕生しています。言うまでもなく、父親が育児に加わることで母親の負担が少なくなるからです。

また、父親が参加した形での子育てを受けた子どもほど性別役割の意識をもたない人間となり、社会で生きやすくなるという報告もあります。

どこの国の人々も理屈では分かっていることですが、実際に実行するとなると、かなりの年月がかかってしまいます。スウェーデンでも、長い間父親の育休に対しては人々から疑問視されていました。一九七四年にスタートした父親の育休は、一九八〇年代で五パーセント前後、男女平等の意識が高揚し続けた二〇〇〇年でも、たったの一五パーセントでした。

「男性も育児をすべき！」と政治家やジェンダー研究者がいくら訴えても、人々の頭の中では、「赤ちゃんの育児は授乳と同じで、それができるのは母親だけ」と決めつけてしまい、なかなか男女平等にまで結びつくことがなかったのです。

近年になって、ようやくほ乳ビン授乳、オムツ替え、入浴、着替え、食事、買い物など、たくさんのことができるという「目覚め」が男性にうかがえるようになりました。スウェーデンでも、こんなささいなことが分かるまでにかなりの時間がかかっているのです。日本の育児制度のスタートは一九九二年とかなり遅いわけですが、それでもすでに三〇年が経っています。しかし、父親の取得率は低く、一〇パーセント以下という低い状態が続いていました。

ところが、二〇二〇年からの新型コロナ禍でテレワークが増えたせいもあってか、急に一二パーセントを超えたそうです。ただ、その内実を見ると、五日間未満という父親取得者が二八パーセント、二週間未満が七〇パーセントだったそうですから、意識が浸透するまでにはまだまだ時間がかかるように思えます。

スウェーデンはもっとも育児休業が進んだ国ですから、父親の育児休業取得率は九〇パーセントにも上ります（残り一〇パーセントは、個人事業主とか特殊技術者などとなっています）。二〇二一年の数字で見ると、父親が取得した育児休業率は約三〇パーセントとなっていました。ちなみに、日数にすると一年間で一一七日を取得しています。

このような背景を、少し詳しく説明しておきましょう。

子どもが一人の家庭の場合、最長の育児休業期間は四八〇日となっていますが、そのうち九〇日は育児保障支給額が定額（一八〇クローネ／日）となっているため、大多数の女性は月収の八〇パーセントが保障される三九〇日で職場復帰をしています。よって、幼い子どもがいる家庭の多くは、子どもが一歳近くなると母親が復職し、父親に育児をバトンタッチしています。

ところで、なぜスウェーデンと日本ではこのような差が出てしまうのでしょうか。この問いに対する最初の答えは、日本とスウェーデンとでは「子ども」や「子どものいる家庭」に対する人々の捉え方がかなり違うということです。

スウェーデン社会には、生まれてくる子どもたちは自分たちの未来を支える新しい社会の構成員であるから、その家族をみんなで支援しようという福祉理念が浸透しています。つまり、子どもは「国の宝」という位置づけがはっきりとしていて、育児・子育てに関しては決して他人事ではないのです。

もう一つの答えは、これまで述べてきたように、育児におけるジェンダー平等の意識が高いことはもちろんですが、それ以上に、育児・子育ては自らの幸福感を追求するにおいて欠かせないほど「楽しいことである」という意識が若い男性の間に広がってきているからです。これについては、公園の砂場で遊んでいる子どもたちを嬉しそうに見守っている

プレスクールの遠足は楽しい時間（出典：白石淑江編著『スウェーデンに学ぶドキュメンテーションの活用』新評論、2018年）

若い父親たちの様子から察することができます。

最後に、両国の経済的支援の違いが挙げられます。日本における育児休業中の有給レベルは、最初の六か月までは賃金の六七パーセント、それ以降は五〇パーセントと低いうえに、父親のほうが高給取りという賃金格差があるため、父親が育休をすると家計が途端に厳しくなってしまいます。このような面も、父親の育休取得が低い原因かと思われます。

ちなみに、スウェーデンの有給率は月収の約八〇パーセントと高いだけでなく（三五ページ参照）、賃金の男女格差が少ないため、どちらの親が休業しても家計にあまり影響を与えないという実状が父親の育休を促進しているように思えます。(1)

日本の産休・育休制度も法律的にはかなり整ってきていますが、その結果があまり社会に反映されていないのは、子どもを産むことと子育てすることは「母親に課された役割」と決めつけている人たちがまだまだ多いからでしょう。

居酒屋などで繰り広げられる男性の会話では、「育児のことは一切妻に任せきり！」と自慢げに話したり、育児や家事をよくやる同僚に対して、「彼はよくやるよねー。俺にはとうてい無理だわ……」といった嫌味っぽいコメントが飛び交っているようです。

このような発言をする人は、やはり男女平等意識が欠けているとしか言わざるをえませんし、これらの発言が多い職場では、男性が育児休業を取れるような雰囲気にはなっていないでしょう。

雇用主側にも曖昧な姿勢が見られます。テレビのニュースで男性の育児休業状況について聞かれたインタビューなどを見ていても、「弊社も、できるだけ男性に育児をすすめていますが……」とか「我々のような中小企業では、男性の育児休業はなかなか難しいところがありますが、これからは何とか頑張りたいです……」といったように、「その場しのぎ」としか言えないような答えが返ってくる場合が多いようです。

このような曖昧さはスウェーデンにかぎらず北欧諸国にはなく、育休制度がいかなる職場においても一律に、厳格に適用されています。日本で育児休暇を取る際に懸念される減給、人事評価、配置換え、ハラスメントなどといったものは厳しく罰せられますし、育児休暇は会社の損益や個人のキャリアとはまったく関係のない、「当然の権利」として人々に受け入れられています。

母親だけが育児に携わった家庭の子どもは、父親との肌の触れあいがないまま成長します。また、このような家庭の母親は、日々多忙に追われ、ストレスがたまり、それが子育てに悪い影響を及ぼしてしまいます。

子どもの成長にとって、父親の積極的な子育てへの参加は重要です。それも、できるだけ長くやるほどよいのです。乳幼児の期間は、親子との絆を深める愛着形成の最初のステップとなります。子どもとの愛着形成には、母親だけでなく父親も携わる必要があります。

（1）　休業日の一部を、子どもが小学校生になるまでに貯めることもできます。

日々成長していく子どもを見守る父親、つまり自分も育児にかかわっているという快い幸福感を肌で感じられるという父親の存在は、子どもにとっても、「両親に育てられた」という思いを強くすることになります。それを証明する例を挙げましょう。

ほとんどの国の子どもたちは、転んでしまって泣いたときや、思うようにならなくて怒ったりしたときに助けを求める先は母親となっていますが、スウェーデンでは父親を選ぶ子どもが多いのです。子どもにとっては、ママだけでなくパパも悲しみや喜びを最初に伝えたい人となっています。

スウェーデンの若い人たちに幼いころの思い出話をしてもらうと、両親といっしょにやった出来事がたくさん出てきます。一方、日本の人たちに幼いころの思い出を語ってもらうと、母親といっしょだったときの話が圧倒的に多いです。

買い物、病気のとき、保育園や学校の参観、習い事、お誕生日などといった思い出話に登場するのは母親というのが圧倒的となっています。みなさんも、ちょっと思い出してみてください。少年野球や少年サッカーをされていた人でも、子ども時代の思い出に登場するのは母親のほうが多いのではないでしょうか。

日本でも、これからの育児・子育てに父親の参加がさらに求められることはまちがいありません。というより、母親だけでなく父親にも育てられたという思い出をもった人たちがこれからどんどん増えていく必要があるのです。

二〇一七年五月、スウェーデンの小学五年生を対象にして育児に関するアンケート調査を私が行ったところ、「ママでもパパでも、どちらでもよい」と答えた生徒が約半分（八一名中三八名、パパという回答は五名）いました（第5章のアンケート調査参照）。子どもたちのほうが、現実より一歩進んでいるように思えます。

このような子どもたちが親になったときには、男女の育児・子育て休業取得率は今よりもずっと拮抗していて、現在のような偏見もなく、仲良く育児をすることでしょう。

現在、日本の若いお父さんたちも、家庭で料理をしたり、掃除やゴミ袋を出したりするなど家事に対して協力的になってきていますが、育児・子育てのこととなるとまだまだお母さんの独壇場で、お父さんは傍観しているケースが多いと育休統計からうかがえます。やはり一般の人たちの多くは、「子育ては母親の役目」という考え方から離れられないようです。

テレビやラジオの育児・子育て番組を視聴しても、「お母さんが子育てで気をつけることは～」、「お母さんが子育てですべきことは～」など、「お母さん」という言葉が圧倒的に多く登場しますし、幼い子こどもがいる家庭では、母親が買い物や用事などでちょっと外出する際、「パパ、ちょっとだけ〇〇ちゃんを見ていてね！」などと言って出掛けていきます。このような様子、父親が育児・子育てにそもそも参加しておらず、時間給で働くベビーシッターのごとくです。

日本の社会は、まだまだ男性中心となっています。残業、出張、単身赴任をするのは男性がほとんどで、若いお父さんが育児・子育てをしたくてもできない、という声もよく耳にします。たしかに、このような条件のもとで働いているお父さんに、育児や家事を求めるというのはきついでしょう。しかし、いくら忙しいお父さんでも、週末や祝日の休みには育児や子育てをする機会があるはずです。

出産は女性にのみできることですが、子どもを育てることは、女性の特技でも特権でもありません。育児や子育てに関しては、母親も父親も素人なのです。母親だけが責任をもってやることではないのです。

育児・子育てをするのは「楽しいこと」、その喜びや幸福感を父親も感じるという状態が大切です。育児・子育てに加わること自体が男女平等の姿であって、こうして育てられた子どもたちは性別役割という偏見をもたない大人になります。

父親も看護や介護をしよう

子どもがいる共働き家庭に突然襲ってくる心配事、その一つが、風邪や腹痛などで子どもが急病になるといったときです。このような場合、誰が仕事を休んで子どもの面倒を見るのかというと、やはりお母さんです。

日本の保育園や学校において、子どもが突然発熱した際には、まずお母さんに連絡が入ります。働いているお母さんは、同僚に謝りながら肩身の狭い思いをして、職場を抜けだして駆けつけます。

再び、幼いころを思い出してみてください。腹痛や風邪で熱が出たときに、お医者さんのところに連れていって、枕元で覗きこむようにして看病してくれていたのはお母さんだったでしょう。そこに、お父さんの姿はなかったはずです。

日本では、家族全員の衛生管理や健康管理に関しては、ほとんどがお母さんの役割となっています。子どものいる親戚や友人の家庭を訪ねたときなど、「○○ちゃん、手を洗って！」、「ちゃんと歯を磨いて！」、「お薬飲んだ？」などといった指示は、いつもお母さんから出されています。

　さらに言えば、健康、衛生、身なりなどについて面倒を見ているのは子どもだけではありません。共働きをしているのに、お父さんのお風呂上がりの着替えを用意しているのはお母さん、家で使う衛生用品や下着などの購入をしているのもお母さんです。もっと言えば、これらの商品について、いったい何を買ったらいいのかをお父さんは知りません。

　家事や育児をすることが多くなったとはいえ、家族が急病になったときの看護や家庭における健康管理のことになると、日本ではまだまだお母さんがすべて引き受けているように思えます。

家族の健康や衛生について、みんなで関心をもとう（イラスト：丸岡萌）

男女平等が進む社会において、このような状態が続くというのは決してよいことではありません。社会における役割変化の様子を見てください。かつては病気を治す医師は男性、病人の看護をするのは女性と役割がはっきりしていましたが、現在では女性の医師もたくさんいますし、男性の看護師も年々増えてきています。それが理由でしょう。二〇二二年には、男性看護師が主役の『トラベルナース』（テレビ朝日）というドラマまで放送されていました。

女性が病気を治し、男性が看護をしても何の違和感も抱かないという時代に入ってきています。家庭だけが、従来どおりの男女役割という慣習を固辞するというのはおかしな話です。男性であっても、家族の健康や衛生のこと、さらには介護においても積極的に携わっていくべきです。それによって、さまざまな教養や知識が備わります。

男女平等を意識した子育てでは、父親も子どもの健康管理に携わることが大切となります。お父さんに連れられて病院に行く、体温を測ってもらう、薬を飲ませてもらう、着替えの手伝いをするなど、子どもに性別役割の意識を芽生えさせる機会を与えないようにしましょう。子どものころに、母親だけでなく父親にも看病してもらったという思い出は、大人になってから必ず役に立ちます。

たしかにスウェーデンでも、子どもの健康や衛生管理については母親が専属となっていました。幼稚園（現在のプレスクール）や学校で子どもに何かが起こると、教師が最初に連絡をするのは母親でしたし、仕事を休んで子どもの看護をするのも母親というのが当たり前でした。

しかし現在では、プレスクールにおける子どもの緊急時の連絡先は、事前に保護者が提出した連絡先となっており、職場が近いとか、スケジュールの都合がつく親が駆けつけるというのが普通となっています。もちろん、父親が看病するというケースも多くなっており、母親だけの役目ではなくなっています。

統計的に見ると、父親の児童看護休業率は約四〇パーセントとなっていますから、子どもに対する家庭看護が一〇日間だったとすると、父親が仕事を休んで子どもの看護をした日数は四日となります。母親との差はまだあるものの、父親が頑張っている様子がうかがえます。

もちろん、このような状況になったのは、それなりの支援制度が整っているからです。スウェーデンにおける「一時的児童看護休業」という制度では、子どもの疾病看護で保護者が仕事を休む場合、社会保険において給料の八〇パーセントが支払われる有給休業となります。先にも述べたように、男女間の所得格差が小さいため、どちらの親が休業しても家計への影響が少ないわけです。このような制度が父親の休業を容易にしています。

社会全体も寛容で、子どもが急病で父親が職場を離れることに、勤務先や同僚からの苦情や不評はなく、多くの人が「当然のこと」として受け止めています。誰もが、子どもだったときに父親から受けた看病という思い出を経験しているからです。これこそが、男女平等の意識が社会の隅々まで浸透している証となります。

プレスクールや学校では、性別的な役割につながるような言動がないように注意が払われています。たとえば、子どもの体調や衛生などについて話しあうときには、両親二人に対して配慮するように、と求められています。

先にも述べましたが、子どもの服のボタンがとれたり、ズボンが裂けたり、汚れたりしたときに教師たちは、「ママに縫ってもらいなさい」とか「ママに洗ってもらいなさい」とは言わず、「ママかパパに」とか「お家で～」というように、対象者を特定しないようにしています。

念のために言いますが、ここでの問題意識は、ボタンを付けることや服の汚れをとるのは「ママ」であって、なぜ「パパ」はやらないのかということです。このような疑問が解けないまま子どもが育つと、衛生や身の周りのことは、女性であるママの役割と受け止めてしまいます。

プレスクールや学校における姿勢の変化は、家庭における子育てにも影響を与えています。よって、家族全員の健康や衛生管理は母親の役割ではなく、「父親にもある」という認識と言動がある家庭で子どもたちは育っていくことになります。その結果、男女平等の社会にマッチした大人に成長するのです。

子どもたちは社会に敏感――男の子、女の子らしさの子育てに注意しよう

どこの国でも、男女別に話し方、笑い方、食べ方、歩き方、座り方、寝方など、振る舞いに「男らしさ」や「女らしさ」を求めるといった慣習があります。男女平等が進んでいる欧米でも、男性だと仕方がないとされることが、女性だと嫌悪感をもって見られることがあります。

たとえば、女性が泥酔したり、人前でおならをすると、「女らしさに欠ける」と嫌がられます。逆に、男性が刺繍や裁縫を女性に混じって行ったりすると、驚かれたり、軽蔑し

たような眼差しを向ける人がいます。

男・女らしさの基準は、国によってかなりまちまちです。日本では、あぐら座りは女性らしくなく、男性が体を横にした女座りは見苦しいとされています。しかし、隣国の韓国やイスラムの国々ではそうではありません。日本には、他国にはない「男・女らしさ」の振る舞いや慣習がたくさんあります。これについて、あるエピソードを思い出します。日本からやって来た一人の男性が、あるスウェーデン人家庭に招待されたときの話です。

男性が、お土産として「夫婦茶碗」をご夫婦に差しあげました。それを見たスウェーデンの奥さんがひと言。

「まぁ、なんてきれいなお茶碗セットでしょう！　でも、なんで一つは大きくて、もう一つは小さいのですか？」

これに対して日本の男性は、「大きいほうが旦那さん用で、小さいほうが奥さんのものです！」と答えました。

「でも、お茶は私のほうがよく飲むんですよ……？」と奥さんが言ったところ、みんなが大笑いをしたということです。

日本の夫婦茶碗は、「男・女らしさ」という美徳基準に従って、男性には大きな湯飲み茶碗、女性には控えめな小さな湯飲み茶碗がつくられてきました。もちろん、現在でもそうです。このこと自体は微笑ましい日本文化の一面として受け止められますが、この「男・女らしさ」の基準がほかのことにも適用されているとしたら問題です。

これまでに述べてきたように、男性だから、女性だからというだけで賃金に格差が出たり、家庭や子育てにおける負担に偏りがあってはいけないのです。

男女という性別によって、人々の対応の仕方は自然と変わってきます。赤ちゃんがオギャーと生まれたときから、性別によって子どもに接する人の話し方や振る舞い方が違うというのが一般的です。

先にも述べましたが、男の子だと「口元がしっかりして〜」、女の子だと「目がパッチリとして〜」などの褒め言葉を選んでいますよね。少し大きくなると、男の子には「たかい！　たかい！」をして、女の子だと胸元で優しく抱いて左右に揺らしているでしょう。「しっかりした口元」や「たかい！　たかい！」は、決断力や力強さといった男性らしさを象徴し、「パッチリ目」や「小さな口元」には、女性らしい愛らしさという期待感が込められています。また、プレゼントとして渡すベビー服を選択するときでも、男の子にはブルーかダーク系の色、女の子には赤かピンク系の色を選んでいるはずです。

このように、人は無意識に性別を基準にして「男・女らしさ」という仕分けをしてしまいます。この無意識な性別基準というのが、その人が育った環境や受けた子育て・教育によって形成された、心の奥に潜む「男・女はこうであるべき」という固定観念です。

一般的に、子どもが小さいときは、性別をそれほど気にすることなく親は育児をしていきますが、大きくなるにつれて性別を意識した「男・女の子らしさ」といった子育て感が強まります。日本語の人称代名詞を例に挙げても、男の子には「ぼく」、女の子には「わたし」と言わせることからはじめています。そして、それを基準とした子育てがはじまります。その振り分けの際、何が男の子らしいのか、何が女の子らしいのかについては、子どもだけでなく親も戸惑ってしまう場合があるはずです。

多くの親が、私たちの子どもは男／女なんですが、どのようにして子育てをしたらよいのかと悩んでいます。そして、周りの親子の様子を観察したり、自分の生い立ちを思い出したり、周りにいる子育て経験者や子どもの祖母などに相談します。ただ、このようにして得られたアドバイスのなかには、これからの社会では通用しない「古い価値観」に沿ったものがかなり多いのです。

親は子どもに、「男らしく頑張りなさい」とか「女らしく歩きなさい」、「男らしく言いなさい」とか「女らしく食べなさい」などと性を明確にして叱ったり、励ましたりします。

しかし、頑張ること、歩くこと、話すこと、食べることには、人それぞれの特徴こそあれ、「男・女らしい」と分ける明確な基準はありません。

事実、男らしい頑張り方、女らしい頑張り方の違いを明確に説明できる人はいないでしょう。それなのに、多くの親は「男・女らしさ」に分けた子育てを行っています。


東京に行った際、電車の中で見た光景を紹介しましょう。

私の隣に座っていた四～五歳の女の子二人が顔を見合わせて声高に笑ったとき、側にいた母親らしい人が、

「静かにしなさい！　笑うときにはこうやって！　女の子でしょ！」

とたしなめて、自分の口元を手で隠す仕草を手本として見せていました。

たしかに、話をしたり笑ったりするとき、日本の女性は手で口元を隠すような仕草をしますが、男性はまずしません。もちろん、外国人には絶対に見られない仕草です。

日本には、口元を覆わないで人前で大笑いすることは女らしさに欠ける振る舞いである

という暗黙のルールがあります。男性には許されるが、女性が人前で口を開けて笑うのは「下品なこと」となっているのです。

このような「男・女らしさ」の仕草は、親や大人自身が子どものころに教えられたことであり、それをそのまま引き継いで自分の子どもに教えていきます。この程度のことであれば、別に目くじらを立てるようなことではありませんが、この「男・女らしさ」という構図を見くびってはいけません。

男女平等を意識した子育てでは、「男・女らしく」といった区別はなく、ただ単に、「あなたらしく頑張りなさい」とか「あなたらしく歩きなさい」だけでいいのです。このような子育てのほうが性別を考える必要がありませんし、簡単なうえに、子どもの個性を広げることにつながります。

欧米では見ることがなくなった職場でのコーヒーやお茶くみをする女性の姿ですが、日本ではまだ見かけることが多いです。ある人は、「女性が入れてくれたお茶は美味しい」などと言いますが、実はこういう人にかぎって、女性を見下げているタイプの男性が多いものです。

男女が働いている職場では、重要な仕事をしているのが男性で、それをねぎらうのが

「女性らしい働き方」であると決めつけている人がいます。こう思っているのは男性ばかりではなく、女性のなかにも、お茶くみぐらいは女性の役割として「仕方がない」と思っている人がかなりいるようです。

「女らしさ」を求める職場環境は、お茶くみや後片づけだけにとどまらず、女性の働く条件を不利にさせ、人がもつ本来の力の発揮を妨害しているとも言えます。

振り返ってみてください。家庭でも同じような構図があります。お客さんが来たときに母親が求める接待役のアシスタントは女の子で、男の子に対しては求めません。お客さんも、それを女の子らしい振る舞いとして褒めます。

このようなことが繰り返されると、褒められた女の子は、接待は女性の役割であり、男性のすることではないという意識を強めていきます。もちろん、それを見ている男の子も、それが当たり前と思うようになってしまいます。

ジェンダー研究者たちの主張によると、生まれてくる子どもには男女それぞれの生得的な特性があり、男の子には「勇ましさ」、女の子には「優しさ」があるとのことですが、この特性は決して不変的なものではなく、子育てによって変わるということが立証されています。つまり、男の子には、生まれつきの勇ましさに優しさを加えることができますし、女の子には、優しさに強さを加えることができ、お互いに「いいとこ取り」ができるということです。

これからの社会では、男女がもっているよい特性をお互いに取りあって、仲良く生きていくスタイルが求められます。そのためにも、多くの点について「男・女らしさ」の基準でやろうとしていないか、それは本当に正しいのか否かについて、一度立ち止まって考える必要があります。

男・女がしてよく、あなたがしては駄目なことはない

前節では「男・女らしさ」について述べましたが、それをさらに広げて、男女平等と子育てを考えてみます。世界のどこの国々にも、性別を規範として人を非難したり、軽蔑したりする表現がたくさんあります。ご存じのとおり、日本にも世界に負けないほどの例がたくさんあります。

「男のくせにベチャベチャ喋るな！」

「女みたいにメソメソ泣くな！」

「男ならはっきりしろ！」

「女だてらに酒を飲むな！」

「男ならやってみろ！」

「女なんだから、おしとやかに！」

このように、男性ならいいが女性がやってはいけないこと、逆に、女性はやってもいいが男性がダメといった、性別にのっとった言動を求める規範がまだまだたくさんあります。

誰しも、このような言葉を浴びせられたという経験があるかと思いますが、なかには、トラウマになるほど嫌な思い出となっている人もいるのではないでしょうか。

「男・女のくせに〜」、「男・女みたいに〜」、「男・女なら〜」、「男・女だてら」などからはじまる言葉の多くは、性別とはまったく関係のないことなのに、人をさげすむときに使われています。ところが、子どもを叱るときに使うこれらの言葉のほとんどは、子どもがしてしまった行為とはまったく関係のない場合が多いのです。

「男の子のくせにメソメソしないの！」

「女の子なんだから騒がないで！」

これらの言葉、まったくもって性別とは関係がありません。それなのに親は、このような言葉を他人から浴びせられないようにと思って子育てに努めています。親が思う男らしさ、親が思う女らしさを基準にして子育てをしているわけです。

スポーツをしている子どもに対して、「男の子なんだから、もっと頑張りなさい！」と叱咤激励したり、元気に飛び跳ねている子どもを見ると、「女の子らしく、大人しくしなさい！」と注意をしています。やはり、このような子育てが続くと、男の子は「男らしさ」、女の子は「女らしさ」という意識が強くなり、それが男女格差を深めてしまう要因となります。

前述したように、人は男女それぞれ

活発さや好奇心は一定の物差しでは測れない
（Wahlström, Kajsa. Flickor, pojkar och pedgoger, 2003, p21 : illustrator : Gunnar kaj）

生まれもっている生得的な特性があると言われています。男の子の代表的な特性は「強い」ということで、このなかには、好奇心が強くて勇敢や、決断力や実行力が旺盛であることなどが含まれています。一方、女の子のほうには「優しい」という代表的な特性があり、人を助けること、きれい好き、同情心、控えめなどといった傾向が強いようです。

どこの国の文化でもそうですが、これらの特性が男女別という基準となり、それが男性優位、女性劣位という不平等な役割関係をつくりだしてきたと言えます。ところが、このような男女の規範に縛られたまま生きてゆくうちに、つらく感じたり、厄介と思われる機会に度々出くわすことになります。

社会は、これらの個性をもった人たちの集まりです。その人たちの言動が、一方の性には許され、もう一つの性には許されないようなことがたくさんあります。そして、そのような男女不平等の社会で生きることに不便さや不快感を覚えている人がかなり増えてきています。

そんな今、近代科学が、男女がもつ特性は不変的なものではなく、子育てや教育などによって変わるものだということを立証したのです。つまり人は、男女の性別に関係なく、誰しもが強くて優しい思いがもてるということです。

男女平等社会の利点は、男性と女性がもつ特性をお互いに共有できることにあります。男性がもつよい面を女性ももつことができ、逆もしかりということです。ですから、女性が男性よりも強くてもいいわけですし、逆に男性が女性より優しくても一向に構わないのです。

日本でも、性別に関する差別用語や表現が不当とされるようになりました。また、ハラスメント行為として社会的に非難されるといったケースも多くなっています。このように、性を基準とした差別的表現が口から出ることが少なくなってきていますが、現実の社会では依然として性を基準とした仕分けがされており、個人の生き方や働き方を妨げている場合が多いのです。

とはいえ、テンポはゆっくりですが、確実に前進していることだけはまちがいないでしょう。

社会全体から、ようやく「男・女のくせに～、男・女なのだから～」という言葉が消えはじめ、性別に関係なく個人の可能性が広がりつつあります。その兆しを、教育や職業選択の場でも見れるようになりました。

ひと昔前であれば、「女のくせに四年制大学?」とか「女なのに理工系!」などと言う人がいましたが、それが今では、どの学問領域においても女子学生が見られるようになっています。

職業においても、男性が占めていた医師、弁護士、エンジニア、建築士、トラック運転手などの分野で女性が活躍しています。男性も、まだ数こそ少ないですが、女性の職業とされた保育士、介護福祉士や看護師として働く人たちを見かけるようになりました。

過去においては、日本と同じように「男・女性なのだから～」という理由で人の将来の選択が制限されていたスウェーデンですが、現在では、男女が何をやっても驚くことはなくなりました。

参考までに、スウェーデンの大学で学んでいる男女の学部別比率をご覧ください（**表1**参照）。工学部の女子学生数はまだ少ない比率となっていますが、徐々に増えてきていますし、建築学部においては女子学生のほうが多くなっています。

これからの子育てにおいては、男女平等がさらに進んだ社会になることを前提にしたものでなくてはいけません。そのためにも、「男・女の子のくせに～」、「男・女の子みたいに～」、「男・女の子なら～」などといった性別を基準とした言葉や思いをなくす必要があります。

表1　スウェーデンにおける全大学の男女比率

	女子大生（%）	男子大生（%）
大学生数	56	44
法学部	63	37
医学部	59	41
歯学部	67	33
建築学部	61	39
工学部	25	75
修士課程	50	50

（出典：SCB スウェーデン統計局、2017～2018年）

子どもの個性を見つけだして育てることが親の大きな役目です。自分たちが幼いころに強いられた男女別の躾《しつけ》を繰り返してしまうと、子どもの個性は発見できません。性別に分けた子育てをして、子どもの可能性を制限してしまってはいけないのです。そうではなく、男女ともに、やりたいことの選択肢を広げていく必要があります。

わんぱくすぎる男の子に「優しさ」という特性が加わり、優しすぎる女の子に「強さ」があるほうがいいのです。男女平等を意識した子育ては、個性を尊重する子育てです。子どもの個性を大切にすることによって将来の選択肢が広がり、現実社会において伸び伸びと生きていくことができるのです。

「かわいい！」と言う前に

他人に対峙したとき、人は一見しただけで受けた感情を口で表現してしまいます。容姿に優れている人を見たときには、「きれいな人！」、「すごい美人！」、「ハンサム！」などといった言葉が口から飛びだします。それとは逆に、容姿が醜いとか悪いと思ったときには、口には出さなくとも心の中で「ブス！」、「デブ！」、「ダサイ！」などといったつぶやきをしてしまいます。

現在、日本で一番使われている感嘆詞が「かわいい！」です。日本人は、この表現を何に対しても使いますが、とくに自分の好みのモノや人に出会うと、「かわいい！」を頻繁に発しているようです。また、日本の雑貨店などの店頭は、「かわいい！」と言われるモノで埋まっています。今や外国の人たちからは、「日本にはかわいい文化がある」とまで言われています。

この「かわいい！」という言葉、もちろん人に対しても使われています。その一番となる対象者が子どもと若い女性たちです。

赤ちゃんや小さな子どもには男女差別はなく、「かわいい！」が連発されます。子どもが段々と大きくなるにつれ、その言葉は主に女の子や若い女性たちに向けられるようになり、若い女の子の場合は、一見して容姿が優れている人たちだけに使われるようになっています。

例外として、子どもっぽい仕草や身なりをした比較的小柄な高齢者に対しても「かわいい！」が適用されているようですが、これはユーモア的な感じで受け止められているように思います。

よって、「かわいい！」という言葉を一番もらうのは女の子たちとなります。しかし、誰もが同じようにこの言葉をもらっているわけではありません。目や鼻が整った顔立ちのよいと思われる女の子がこの言葉を一番多くもらい、そうでない女の子や障害がある人たちがもらうことは、少ないか、ほとんどないでしょう。

生まれながらの容姿によって、人は得をしたり損をしているわけです。とくに若い女性は、「かわいい」か「かわいくない」かの二者択一的な評価によって、彼女たちの生き方が変わってしまうという場合が度々あります。

ほとんどの人が、外見で人を評価することはまちがいで、理不尽なことであると承知しているわけですが、それをなかなか修正できないというのが人間なのです。とくに、男性には難しいようです。

人と対峙する職業では、もって生まれたよい容姿がメリットになるケースが多いものです。女性の職業の場合で言えば、テレビのアナウンサー、フロント嬢、フライトアテンダントなどがそれに当たるでしょう。もちろん、それぞれが優れた素質のもち主ではあると思いますが、外見的な容姿はかなり一律となっており、いわゆる「かわいい！」と言われるタイプの人たちで占められています。

しかし、ヨーロッパのテレビを見ていると、痩せた人、太った人、背が低い人、肌の色が違う人、メガネをかけた人、ハンデをもった人など、さまざまなタイプの人たちを見かけますので、日本とはかなり様相が違ってきます。

さらに日本では、「ブス！」と言う言葉が「かわいい！」の対義語として男性の口からよく出ているようです。「あの女、ブスで生意気なんだ！」とか「彼女はブスだけど、仕事はできる」という類のコメントを耳にしたことがあるでしょう。このような外見を意味する言葉は、とくに女性に向けられる場合が多いのですが、これが人の品格として誤用されることや、生き方に影響を及ぼすようではいけません。

企業のなかには、新入社員の採用面接などのとき、「できればかわいい子（女性）を優先しよう」という思惑が現在でもかなり多いと聞きます。これに対して男性は、外見の評価は「今ひとつ」でも、見た目よりも中身が尊重されているようです。言うまでもなく、このような空間でも男女の差別があるということです。

自分たちの子どもを愛らしく思い、「かわいい！　かわいい！」と言うのは、愛情に結びついたポジティブな子育てで、親子の絆を深めることになりますが、ほかの人から「かわいい！」と褒められるための子育てとはまったく別です。「かわいい」ことを強く意識する親たちには、外見的な「かわいさ」だけを求めすぎるといった子育てをしてしまう場合が多いように感じられます。

人の目を気にした外見的な「かわいさ」を強く求めた遊び方、喋り方、食べ方、笑い方を子どもに強く求めてしまうと、子どもがもっている潜在的な個性の芽生えを摘みとってしまうことにもなります。とくにやめるべき言動は、何人かの友だちが集まっているなかの一人を選んで、「○○ちゃんはかわいい！」などと言ってしまうことです。

言うまでもなく、これは差別的な指摘であり、こんなことが何度も続くと、「かわいい！」と言われた子どもも、言われなかった子どもも、「かわいい！」ことがとても重要であると受け止めてしまいます。

「かわいい！」と言われなかった子どものなかには、なぜ自分はそう言われないのかとや、、、、、、、、、
っかんでしまったり、そう言われた子どもを羨ましがったりする人もいるでしょう。「私はかわいいと言われない」、「私は醜い！」などと卑下してしまったり、トラウマとなるような劣等感をもつようになってはいけません。

念のため補足しておきます。人から「かわいい！」と頻繁に言われてきた子どもだからといって、必ずしもよいことばかりが待ち受けているわけではありません。「かわいい！」という言葉を自己形成における一番大事な素質として受け止めて成長したからといって、社会人として完璧であるとは言えません。もし、人間的な品性に欠けるつまらないタイプの人間になってしまうと、日本で言うところの「しっぺ返し」が危惧されます。

これからの能力主義の社会で生きていくためにも、「かわいい」という表現は、ある一定期間のみ効力を発揮する言葉であると認識しておいたほうがよいでしょう。

将来、自分たちの子どもが外見だけで人を評価したり、男女差別に関する偏見を抱いた

り、またされないような大人になることを願うのであれば、「かわいい！」の使い方や使いすぎに気をつけるべきです。

「喜び（joy of life）」の育み――お話し上手になりましょう

深刻化する地球の環境問題に世界中の人が関心を寄せはじめていますが、この問題で世界のオピニオンリーダーとなっているのがスウェーデンの女性、グレタ・トゥーンベリ(Greta Ernman Thunberg）さんです。彼女は一五歳になった二〇一八年から、たった一人で、国会前などで環境問題を訴えながら賛同する仲間を世界中に増やしてきました。

国連をはじめとする各国の政治指導者の前で訴える彼女のスピーチは、多くの大人の度肝を抜くほどの迫力があります。彼女は、幼いころから環境と気候変動問題に興味をもち、中学生になったころには、堂々とした議論を大人と交わしていたそうです。

このような女性がスウェーデンに登場したのはまったく偶然ではなく、スウェーデンだからこそ、と思います。要するに、スウェーデンの子どもたちは、男女、年齢、先輩・後輩、大人と子どもなどといった上下関係に阻まれることなく、自らの意志を自由に表現する方法を早い段階から学んできたということです。

このような子育てや教育の成果は、スウェーデンの至る所で目にすることができます。国会や地方自治体にも二〇代の若い議員がかなりいますし、全政党の半分の党首は女性となっています。二〇二一年には、マグダレナ・アンデションが女性初の首相を務めました。それに続き、二〇二二年一〇月から副首相を務めているエヴァ・ブッシュは、二八歳という若さのときからキリスト教民主党の党首として党を率いています。

スウェーデンでは、子どもが政治に関心をもつことは民主主義を知るために大変よいことであるとされており、高校などでは既存政党の模擬投票を行ったり、政党の青少年部のメンバーになっている生徒もいます。いずれにしろ、中学生、高校生の子どもたちは早くから政治に関心をもち、活発に議論や討論を交わしているのです。

日本のように、「子どもは勉強だけをして、政治に口を出すな!」などと言う人はいません。一八～二四歳という若い人たちの国会議員選挙における投票率は約八〇パーセントと非常に高く、若い人たちの影響力が政治に反映していると言えます。

スウェーデンと同じような学校教育を行っているフインランド、デンマーク、ノルウェーでも、若い女性たちが閣僚のポストを占めています。なかには、「人生経験が浅すぎる」

表２　スウェーデンの政党と党首名（2023年１月現在）

政党名	思想	国会議員数	党首名
スウェーデン社会民主労働党（Arbetare-patiet Social-demokraterna）	社会民主主義	107名（30.33％）	マグダレナ・アンデション（Magdalena Andersson）女性・55歳
スウェーデン民主党（Sverige-demokraterna）	社会保守主義	73名（20.54％）	ジミー・オケソン（Jimmie Åkersson）男性・43歳
穏健党（Moderaterna）	自由保守主義	68名（19.1％）	ウルフ・キリステンソン（Ulf Kristensson）男性・59歳・首相
中央党（Center-partiet）	自由主義、農本思想	24名（6.71％）	ムハレエム・デミロォク（Muharrem Demirok）男性・46歳
左翼党（Vänster-partiet）	社会主義	24名（3.75％）	ノーシ・ダガスター（Noosh Dagostar）女性・37歳
環境党（Miljö-partiet）	緑の政治	18名（5.08％）	マッタ・ステネヴィ（Märta Stenevi）女性・46歳 & ペール・ボールンド（Per Bolund）男性・51歳
自由党（Liberalerna）	社会自由主義	16名（4.61％）	ヨーハン・ペーソン（Johan Pehrson）男性・54歳
キリスト教民主党（Krist-demokraterna）	キリスト教民主主義	18名（5.34％）	エヴァ・ブッシュ（Eva Busch）女性・53歳

（注）スウェーデン国会は戦後に一院制となり、４年ごとに国政選挙と県・地方自治体選挙が行われています。獲得票率４％以上の政党が国政に参加し、国会議員数は349名となっています。175席以上獲得した政党が政権を担いますが、現政権は穏健党13人（首相を含む）、キリスト教民主党６人、自由党５人の閣僚で構成する３党連立政権となっています。これは、閣僚外のスウェーデン民主党の支持を受けて実現したものです。

現在、保守連合政権を担っている男性議員は188名（54％）、女性議員161名（46％）となっています。

なお、2005年になって「Feminism Initiative（FI）」という政党が誕生し、左翼党の党首までした女性が代表者になりましたが、国会進出となる４％に届くことはなく、2022年の選挙でも投票獲得率は1.0％ほどのレベルでした。

選挙小屋。各政党は、選挙となると各投票区の中心広場に「選挙小屋」を建て、パンフレットを配るなどして政策を訴えている（出典：『スウェーデン・スペシャルⅡ』藤井威著、新評論、2002年、185ページ）

と批判する人もいますが、彼・彼女らの議論には、ベテラン政治家にはない、新鮮なアイデアが含まれたアプローチのある場合が多いのです。

本書の冒頭でも述べましたが、もともと北欧の国々には、若い人や女性の話を尊重するといったような文化や習慣がなかったわけですが、現在では若い人たちの意見に耳を傾けるようになっています。「青二才が～」とか「世間知らずが～」などという言葉を耳にすることはなくなりました。

国会議員を見ても、以前は中高

年齢層が占めていましたが、二〇〇〇年代に入ってからは、六〇歳以上の議員が占める割合はたったの一五パーセントほどです。男女比率も、今や半々となっています。

スウェーデンの人たちが、若い人たちの話を尊重し、政治に反映されるようにまでなった背景にはいったい何があったのでしょうか。転換の契機として挙げられるのが、一九八〇年代から確立しはじめたジェンダー学に沿った学校教育改革です。

この改革における新しい教育方針のなかには、「男女の差別なく平等に子どもたちが自由に意思表現をすることができ、またそれを尊重し、批判的な能力を育むべし」という事項があります。このような学校教育カリキュラム要項は、プレスクールの保育教育にも適用されています。

それからというもの、プレスクールや学校では、子どもたち一人ひとりが自分の思いを自由に表現でき、それが尊重されるためにはどのような教育を行えばよいのかという模索がはじまったのです。

第3章で述べたとおり、一九九〇年代にプレスクールで男女差別の有無を探るために、全国のいくつかのプレスクールでビデオ撮影を行い、子どもたちの言動を観測したわけですが、そのなかで察知した重要なことの一つが子どもたちの会話でした。

プレスクールの活動は、毎朝、全員の子どもたちが集まった朝九時から約三〇分間の「朝の集まり」からはじまります。この時間が、子どもたちにとっては「話をする」練習のひとときとなります。

子どもたちと先生たちがフロアーに円形になって座り、その日のやることやほかのテーマについてみんなと話をします。その様子をビデオで撮影し、教師たちが観察分析をしたわけですが、そこで明らかになったのは、男の子と女の子の言動（behavior）にはいくつかの違いがある、ということでした。

男の子同士、女の子同士だけで集ま

「朝の集まり」はお話をする／聞く練習時間でもある（イラスト：丸岡萌）

って話をしているときは、すべての子どもが自由にお喋りをし、内容もバラエティーに富んで楽しそうです。ところが、男の子と女の子が混じった集まりになると、男の子たちのほうのお喋りが多くなり、女の子たちの多くが黙りこんでしまったのです。

さらにビデオ映像を分析していくと、男の子は「僕が〜、僕は〜」と真っ先に発言したがる、声高になる、話の内容は簡単で短い、たくさんのことを話したがる、自己主張が強い、友だちが話しているときに割りこむなど、自分が「一番になりたい」という子どもがたくさんいました。そのほか、落ち着いてじっと座っていることが難しいという光景も男の子に見られた特徴でした。

これに対して、女の子のほうは静的な言動が多く、静かにしている、控えめでいる、話す声が低い、邪魔をされても我慢をしている、などといった姿が見られました。また、話を順序よく上手に話す、話している友だちの顔をよく見ている、たくさんの言葉を知っている、そして表現力が豊かなことなどについては女の子のほうが勝っていました。

この分析結果は、プレスクールでの保育方法を変えるエビデンスとなりました。たとえば、話をする子どもの誰もが、自分の言いたいことを決められた時間内に上手にまとめて話すことができ、友だちの話を邪魔することなく最後まで聞けるようになることなどに注意を向ける保育へと変わっていったのです。

「朝の集まり」には話をする際のルールがあります。たとえば、話をする人は、ぬいぐるみの「クマさん」を手に持っていなくてはなりません。また、話す時間は一人当たり一〜二分以内と決まっています。

クマさんは、順番に子どもたちを回っていきます。プレスクールによっては、話をしたい子どもが手を挙げて、クマさんを受け取ってから話をするといったところもありますし、ぬいぐるみでなく「お話ボール」や「お話風船」といったものが用意されているところもあります。

「朝の集まり」では、次のような光景が見られます。

子どもたちは、男・女・男・女と交互に座っています。これは、男の子であれ、女の子であれ、続けて座るとおしゃべりが進みすぎ、ほかの友だちの話がよく耳に入らないという場合が多いからです。男女が交互に座ることによって無駄なおしゃべりが少なくなり、友だちの話が聞けるようになります。

また、話をすることが不得意で、いつも黙っているような子どもでも、徐々に話上手になってゆくというのも「朝の集まり」の特徴です。

話をするという練習は、上手に聞くという練習にもなります。一般的には、男の子だけが集まると男の子が好むテーマの話となりますし、女の子は女の子が好むテーマの話をしたがるものです。しかし、「朝の集まり」では、あまり興味がないお話でも我慢をして聞いていなければなりません。

最初は我慢をしなければならない「朝の集まり」ですが、しばらくすると異性の友だちが話す内容に興味が出はじめて、質問や意見が出てくるという場面が度々登場します。子どもの感性の豊かさを象徴するようなシーンとなりますが、このように男の子と女の子が交互に話をし、話を聞くという練習が大切であると再確認できます。

プレスクールのビデオに映しだされた「男の子には許される」とか「男の子だから先にやる」という社会的な構図は、大人の世界ではまだまだ多く見られます。とくに日本の政治、企業、学校、あるいはスポーツ界などを見ると一目瞭然で、トップの座にいるのはほとんどが男性です。人の上に立つ人は男性でなくてはならない、と漠然と思っている人が多いということでしょう。

しかし、この点でも世界は変わってきていますし、これからもさらに変わっていくでしょう。男性と同じ、またはそれ以上のレベルの教育を身につけた女性が、これからもどんどん増えていくはずです。男女の働く能力が拮抗するようになり、男性優先を固持することが難しくなってきています。

スウェーデンのプレスクールで採用されている「お話しルール」は、家庭でも使えます。多くの家庭では、親が主導権を握って、「こうするんですよ！」とか「こんなことやってはいけませんよ！」と、一方的に子どもに「言い聞かせ」をするケースが多いわけですが、これでは子どもの表現力や批判力を養うことはできません。

人の話すことを何でも聞くという「よい子」になるより、自分の言いたいことをきちんと主張し、人の話をしっかりと聞けるように練習することが、これからの社会においては大切となります。

家庭での会話では、家族の誰もが同じ発言権をもっていることが大切です。子どもだからといって、常に親や兄姉の話を聞いて頷いているようではいけません。自分の疑問や主張を自由に言える雰囲気の家庭をつくることが大切です。そうすれば、話す際の自信や表現力が養われていきます。

また、幼いときに同性ばかりの交わりになると、どうしても偏った見方をするようになります。そして、そのまま男女が二極化していくとお互いを理解することが難しくなりま

プレスクールでのお話し合い（出典：白石淑江編著『スウェーデンに学ぶドキュメンテーションの活用』新評論、2018年）

す。幼いころから異性の子どもたちとの交わりに慣れさせることによって、大人になっても、とくに異性を感じることなく、同じ条件で生きていけるはずです。

子どもとの話では、かぎられた家族や友だちだけでなく、できるだけいろんな人たちと交じりあって話をするという機会も必要です。お年寄りの方、障害をもっている人たち、外国人、生活に困っている人たち、さまざまな職業の人たちと話す機会があればあるほどよいでしょう。

子育てテーマから少し離れるかもしれませんが、内閣府が興味深い調査をしていましたので紹介しましょう[1]。

六〇歳以上の高齢者に、「親しい友人

の有無で、貴方には同性・異性の両方に友人はいますか？」という問いに「います」と回答した日本の高齢者は約一三パーセントでしたが、スウェーデンの高齢者は約五〇パーセントでした。

この結果の違いを見て、日本の高齢者は、子どものときや若かかったころにいろいろな人との交わりが少なかったのでは？　と勘ぐるのは私だけでしょうか。このような時代における体験のなさが大きく影響して、社会に出てからは仕事を通したやり取りのみとなり、日常生活における付き合いが少ないのではないかと察せられます。さらに言えば、仮に興味があることに直面しても、自分から話し掛けることができないのでしょう。

子どもは好奇心が旺盛で、見るもの聞くものに対して「不思議」と思うことがたくさんあります。それをしっかりと聞いてあげて、分かりやすく答えることも大切です。「面倒くさい」と思わず、まめに行っていくことで子どもは話すことに自信をもち、表現力の豊かな大人へと育っていきます。

家庭での会話において、自分の悲しみ、不満、怒り、楽しみ、喜びなどについて上手に話せるようになると、ほかの人と接するとき、恥ずかしがったり、おじけづいたりしないで、自分の意志がはっきりと伝えられるようになるはずです。

よく耳にする言葉ですが、「あなたはまだ子どもなのだから、そんなこと考えなくていいの！」とか「この前、言ったでしょう」、「何回も言わせないで！」、「もう忘れたの！」といった跳ね返すような言葉は避けたいものです。そして、先に述べたように、子どもとの会話のなかでは、「男・女の子のくせに～」とか「男・女の子なんだから～」などといった性別を意識した言葉は絶対に避けるべきです。

また、「男の子が女の子のことなど気にしないの！」とか「女の子は男の子とは違うのだから」などといった、異性を無視したような言葉もNGです。このような考え方が強い親の場合、子どもの友だちはできるだけ同性にしようとする傾向が見られます。

冷静に考えれば、女の子は男の子よりも話が上手で、表現力も豊かです。しかし、大人になるとその能力が阻まれてしまいます。くどいようですが、今の社会、どこを見ても上

（1）内閣府調査「平成二七年度　第八回高齢者の生活と意識に関する国際比較調査結果（概要版）」の「7 社会とのかかわり。親しい友人の有無」および、「令和二年度　第九回高齢者の生活と意識に関する国際比較調査（全体版）」の「親しい友人の有無（第八回比較）」。https://www8.cao.go.jp/kourei/ishiki/r02/gaiyo/pdf/s2-7.pdf

に立つ人は男性が占めています。それは、「女は控えめに！」とか「女は口を出すな！」という根拠のない固定観念が多くの人の心の中に潜在しているからです。

しかし、このような考え方も必ず変わっていきます。今の子どもたちが成長するころの日本社会は、女性が今よりもずっと活躍しているはずです。

現在、またはこれから子どもをもつという若い親には、このような社会を見通した子育てが必要です。子育てにおいて、男の子、女の子という性別に偏ることがないように、幼いころから子どもの人格や能力を認め、思ったことがはっきりと表現でき、それを尊重するといった子育てが求められています。

お話の主人公を代えてみよう

童話や昔話は、子どもが成長するうえにおいて欠かせないツールです。童話や昔話をたくさんしてあげることによって、子どもは物事の善悪や社会のルールを学ぶほか、感情や想像力が豊かになります。また、お話に出てくるさまざまな人物や動物たちの行動は、子どもの人格をつくりあげるうえにおいて手本となる場合が多いです。

それでは、男女平等の観点から童話や昔話を検証してみましょう。

たとえば、お話に登場する動物の場合、大きくて強そうな雄の動物には男の子の名前が付き、小さくて弱そうな雌の動物には女の子の名前が付いています。その雌雄の動物たちの言動から、子どもたちは「男らしさ」や「女らしさ」を学んでいきます。このような構図が、子どもたちの成長に少なからず影響を及ぼします。

幼い子どもたちに童話を読んであげると、どの子どももお話の世界に溶けこんでゆく様子が顔の表情からよく伝わってきます。たとえば、『赤ずきん』の絵本を見せながら話してゆくと、オオカミがお婆さんを食べてしまう場面などでは、子どもたちは手で口を押さえ、息が止まるほどの恐ろしさを表します。それが一転して、お婆さんと赤ずきんちゃんが勇敢な男性の狩人に助けられると、ほっとした顔をして、手を叩いたりして喜びを満面に表します。

子どもたちに、困っている人や動物に手を差し伸べるような優しい内容を話すと子どもたちは穏やかに聞いていますが、腕力に訴えるような争いが多い話になると、子どもたちは不安感を顔に出し、じっと座っていられなくなります。

このように、お話から受ける影響力が大変大きいため、子どもたちにどのようなお話をしてもよいというわけではありません。

ほぼすべての親が、よい本を求めて書店や図書館に行きます。児童書のコーナーには、たくさんの本が並べられていて、選ぶのに戸惑ってしまいます。どの本がよいのかという選択基準は、親がもっている子どもへの期待感によるところが多いようです。

男の子には、悪者を退治する勇敢で正義感のある「男らしい」の主人公のお話を選び、女の子には、優しく、人を慰めたり助けたりする「女らしい」美しい少女が登場するような本を選んでいることでしょう。

童話に出てくる主人公には男性が多く、その性格は強くて勇気があり、正義感にあふれる頭のよい美少年たちです。それに対して、女性の主人公は意外に少なく、出てくる女性は貧しく、か弱く、優しく、我慢強く、そして美しい容姿をしています。

多くの国の親が好んで選んでいる童話の一つが『シンデレラ』です。登場する女性主人公は、みなさんよくご存じのように、イジメにも耐えるという辛抱強い美しい少女です。一方、男性の主人公は、富も勇気もあるハンサムな王子様です。その二人がめぐり会い、王子様が少女を苦境から救い、そしてハッピーエンドとなるわけですが、このストーリー、多くの親にとっては自分の子どもに望む将来の姿となります。

しかし現在、玉の輿に乗るような話は、「これからの子どもにはあまり好ましくないのでは」と首をかしげる人が多くなっています。ディズニーランドの人が聞いたら怒りだすかもしれませんね。

現在、北欧の幼児教育者や保護者のなかには、男性・女性らしさを強調するようなお話を子どもたちにすることを避けるといった人が多くなっています。古い名作童話に描かれている男性主人公は強くて積極的、女性のほうは弱くて消極的に描かれている場合が多いため、男女平等社会に向かっている現在の子育てには「マッチしない」というのが理由のようです。

日本の童話や昔話に出てくる主人公の「桃太郎」、「金太郎」、「牛若丸」は、みな悪者を退治し、弱い人を救うという勇猛果敢な少年たちです。とくに日本のお話には、男性が主役で女性が脇役というパターンが多くなっています。ご存じのように、日本の昔話に出てくる女性は、男性や年寄りに尽くす良妻賢母のタイプか、「雪女」とか「かぐや姫」といった不思議な妖精キャラクターが多いです。

さらに例を挙げると、『舌切り雀』に出てくる老夫婦のお爺さんはすごく優しいのに、お婆さんは雀の舌まで切ってしまうという残酷な人物として描かれています。大人を対象としたものでも、歌舞伎で有名な『四谷怪談』（鶴屋南北）や落語で有名な『番町皿屋敷』などで描かれている女性はまるで妖怪のごとくです。いずれにせよ、いぶかしいネガティブな主人公には女性が多いようです。

日本のお話には定番とも言える人間像があります。それは、お話に登場するよい男性は強くて勇敢で、正義感にあふれている美男、よい女性は人を影で支えるという献身的で優しい美女という形で構成されています。実は、このような構図が男女不平等社会と関連しているのです。

このような性的に偏ったお話を、これまでどおり子どもたちにするというのは感心できません。人々に愛されてきた古き名作童話には、子どもたちに欠かせない読み物がたくさんあるわけですが、そこに描かれている男女の言動があまりにも「男・女らしさ」に偏っていることを懸念したスウェーデンのあるプレスクールが行ったユニークな試みを紹介しましょう。

グリム童話の『赤ずきん』に出てくる登場人物の性をチェンジして、子どもたちに話したのです。つまり、『赤ずきん』では主人公は女の子ですが、それを男の子に代え、オオカミに食べられてしまった可哀想なお婆さんはお爺さん、そして二人を助けた狩人は男性ではなく女性にして話したわけです。子どもたちは、お腹を抱えて大笑いの連続でした。「赤ずきんちゃん」は女の子で、優しくか弱く、助けに来た狩人は強い男性だったというイメージが完全に覆されてしまったのです。

このように登場人物を代えることによって、男の子だって女の子に助けられたり、女の子だって勇気をもって人を助けることができると子どもたちに教えたわけです。

役柄を代えるというアイデアは、子どもたちが行うお芝居でも使われました。王子様の役を女の子がやったり、お姫様の役を男の子がやったり、サンタクロースを女の子が白い髭をつけてやったりすると、子どもたちは大喜びです。

家庭でも、このように主人公の性をチェンジして童話の読み聞かせをしてみてはいかがでしょうか。たとえば、「桃太郎」を「桃子」にして、強い女の子が悪い鬼を退治するといったお話はきっと子どもたちに受けますし、「女の子でもできるんだ！」という発見と自信につながること請けあいです。

ここでの目的は、童話やお芝居における男女の役を代えることによって、男の子の特徴と言われている「勇気」、「好奇心」、「決断力」といったものを女の子も経験するという機会を提供し、男の子には女の子の特徴と言われている「優しさ」、「同情心」、「助けあい」といった気持ちを強めることにあります。この試みは、お互いの特徴を兼ね備えた、豊かな人間に育つための一案と言えます。

子どもの本に関して、もう一つ指摘しましょう。

世の中には男性と女性が半々であるにもかかわらず、童話や昔話に登場する主人公は圧倒的に男性が多くなっています。動物たちのお話であっても、『熊のプーちゃん』や『三匹の子豚』のように、主人公は雄で、男性をイメージしているものがほとんどです。

スウェーデンでは、男女平等教育の観点から、童話や教科書の見直しが一九八〇年代から行われました。プレスクールで扱う童話やお話に出てくる主人公や物語性が男性優位となっていたことへの反省です。現在では、男女のバランスが取れたお話や本の選択が行われています。

教科書の検証においても同じ結果がありました。歴史や社会科の教科書では男性中心の争いといった歴史観が多かったのですが、子どもや女性を含む人々の生活をたどる方向に舵を切り替えていますし、国語の教科書に掲載される文学作品では、女性作家の作品を増やすといった努力がされています。事実、最近の中学校では、国語の教科書に掲載されている作品の著者は男女半々となっています。

童話においても、北欧では男女平等を意識したものが増えてきました。童話作品の主人公には女の子が多く描かれており、そのキャラクターは物怖じしない活発なタイプとなっています。男の子はというと、家事を手伝う姿や女の子と仲良く一緒に何かをしているというソフトな描写が多くなっています。これらを読むと、男だから、女だから、という印象がまったく感じられません。

スウェーデンでもっとも人気のある童話といえば、一人で暮らす力持ちの少女を描いた『長くつ下のピッピ』（アストリッド・リンドグレーン／大塚勇三訳、岩波少年文庫、二〇〇〇年など）ですが、この本は、女の子でも強く生きる勇気と自信を子どもたちに与えました。

もう一冊、日本語にも訳されているお話は、五歳の少年と父親との暮らしを描いた『パパ、ちょっとまって！（アルフォンスのえほん）』（グニッラ・ベリィストロム／やまのうちきよこ訳、偕成社、一九八一年）で、母親が登場しない父子だけの日常が描かれた愛情豊かなエピソードです。

普通なら子どもとお母さんが交わす会話を、お父さんがやっているところがユニークです。この童話は、子育ては母親だけのものではないということを示唆しているわけですが、翻訳出版されてからすでに四〇年以上が経過しています。でも、日本の現状は……。

家庭での暴力や体罰は絶対にやめよう

社会で深刻な出来事の一つが、人を傷つけるという暴力です。言うまでもなく、これも男女平等に関係してきます。もちろん、男性が女性に暴力を振るう頻度が圧倒的に多いからです。犯罪統計を見ても明らかなように、圧倒的に男性が加害者で、女性は被害者となっています。ちなみに、日本の夫婦においても、「夫から暴力を振るわれたことがある」という妻が四人に一人いるとのことです。

このような格差を是正するために、女性も身体を鍛えて男性に対して暴力を振るえ、ということではありません。男性の暴力をなくせばいいだけです。とはいえ、どこの国でもさまざまな法律を施行して暴力を減らそうとしていますが、なかなか思いどおりにはなっていません。

暴力を振るう人たちの根源として、その人たちの生い立ちによるところが多いと指摘されています。科学的な知見が証明しているように、暴力が日常化している家庭環境で育った子どもや、幼いときに体罰や暴力を頻繁に受けた子どもほど、大人になってから暴力を振るうということです。暴行罪を犯した人たちの生い立ちを見てみると、それがよく分かります。

ということは、将来を見定めた子育てにおいて、「暴力は絶対にいけない」としっかり教えていけば暴力は減らせるということです。そのためにも、まずは親が子どもたちに対して、その見本を示さなくてはいけません。親が子どもに手を上げることはもちろんですが、親同士、兄弟姉妹同士の暴力的な振る舞いをなくす必要があります。

要するに、子どもが暴力を振るうようになる原因の一つは家庭環境にあるということです。兄弟や姉妹とのケンカ、両親の暴力が日常的に多いという家庭、親からよく叩かれる子どもほど、ほかの子どもに手を上げたり、蹴ったりする場合が多いのです。

子どもに暴力を振るう親の言い訳として、「体罰は躾《しつけ》のため」というフレーズをよく耳にします。児童虐待で子どもに大怪我をさせ、遂には死に至らせてしまった人がよく話す台詞です。

幼い子どもを、叩く、殴る、蹴る、つねるなどといった暴力で制圧する行為は卑怯であり、決して許されるものではありません。なかには、「悪いことをしたら、頭をゴツンとやります」と、少しぐらいの体罰は当然と言う親もいますが、これを軽く見ていると、このような行為がエスカレートしてしまう危険があります。

ほとんどの親は、我が子を叩いたり、怒鳴ったりしたあとには後悔の念にかられていますが、「いや、これは躾《しつけ》なんだ！」と開き直って、自分のやったことを正当化してしまう親もいます。そして、頻繁に起こるようになると、いつのまにか後悔の念もなくなって慢性化してしまいます。

体罰や暴言を多く受けて育った人には精神面における障害が見られるという研究結果がたくさんあります。この事実をふまえると、子どもを痛い目に遭わせ、恐怖心を煽るような体罰は子育てにはまったく必要ない、と断言できます。

日本でも、二〇二〇年に子どもへの体罰を禁止した法律がようやく施行されました。この「児童しつけ体罰禁止運動」は、一九七〇年代にスウェーデンからはじまったものです。「躾」と称した父親の体罰で幼い子どもが命をなくしたという事件がきっかけとなり、二人の女性（写真家とジャーナリスト）が過去の児童虐待ケースを探りだし、その残酷さを人々に訴えるといった運動が世界の国々に拡散したのです。

最初は、どこの国でもこの運動を疑問視する人がかなりいましたが、現在では当たり前のこととして多くの国が受け入れています。その結果、子どもへの体罰は暴力として受け止められるようになり、児童虐待の減少に大きく貢献しました。

スウェーデンにおいてですが、親からの暴力で幼い子どもが命をなくしたという例は、この数十年間で聞いたことがありません。もちろん、と言うべきでしょう。児童虐待には、体罰だけでなく、子どもへの暴言や脅かしなどといった精神的なイジメや育児放棄なども含まれています。

普段は優しいお父さんやお母さんなのでしょうが、時には堪忍袋の緒が切れて、遂には体罰をしてしまったという親がかなりいると思います。でも、子育てにおいては、堪忍袋の緒を切ってはいけないのです。

スウェーデンでは、「児童治安罪（バーンフリィドスブロット法・barnfridsbrott）」という新しい児童保護法が二〇二一年から施行されました。どういう法律かというと、子どもの目の前で両親が暴力を振るい、それを見ている子どもが怯えて、恐怖心を煽られてトラウマになった場合は犯罪と見なし、暴力を振るった親には刑罰（最高懲役二年）と罰金が課されるというものです。

暴力を身近に観察した子どもは、隣人、祖父母、保育士、教師を通して、または直接警察に訴えることができます。子どもへの尋問も、保護者・親の許可なしに行うことができます。

実際に訴訟まで進んだ件数は、半年で二〇〇件にも上るようです。そのほとんどが、父親が母親を暴力で加害する様子を子どもが見て、悲しみにおびえていたというケースだったようです。本書で述べているように、男女平等意識が高いスウェーデンにおいてもこのような事件があるのです。

この法律には、暴力に慣れることをできるだけ早期に予防しようとする意図が含まれており、子どもが暴力のない家庭環境で育つことを目的としています。

先にも述べたように、暴力を振るうのは圧倒的に男性が多いわけですが、男は「強い」のだから、少々の暴力を使ったり、少しぐらいのケンカで殴りあいをしても仕方がないだろう、と軽く思っている人が多いようです。その証拠に、女の子が殴りあいをすると「女のくせに、殴りあいなんかして！」と非難しますが、男の子に対しては、「男の子なのだから、少しぐらいは仕方がない！」と容認されているケースがあります。このように、暴力は性別に関する偏見から起きている場合が多いのです。

このような考えをもっている親のもとで子どもが育つとしたら、将来が危惧されます。自己主張や意思表示をする際に暴力に訴えることはいけないことだと、はっきりと幼いころから教えていく必要があります。そのためにも、どのようなことがあっても親は子どもに手を上げてはいけません。

暴力を振るうのは、言葉で自分の思いが上手に表現できないからです。まだ体力的に虚弱な子どもを、躾《しつけ》と称して叩くという親は卑怯者です。このような親には、子どもに対する怒りを言葉で上手に表現する訓練が必要となります。とくに、ストレスやイライラがあるときには気をつけなければなりません。

社会的に成功した人のなかには、「私の父は厳しい人で、子どものころにはよく叩かれました。でも今は、それに感謝しています！」と、まるで叩かれたことが自分の成長にとってプラスになったようなことを言う人がいますが、これはまったく根拠のないもので、もし叩かれなかったら、この人はそれ以上の成功をしていたことでしょう。

子育てに体罰という脅しは必要ありません。よく耳にする、「今度したら承知しないよ！」とか「次から許さないよ！」などといった威嚇する言葉は、さらにひどい体罰が待っていることを示唆しています。言われた子どもは、この威嚇に「おじけついてしまう」だけなのです。

普段は母親が子育てを担っているのに、「そんなことしたらパパに言いつけるからね！」などと、最終的な裁きを父親に委ねて、子どもに恐怖心だけを植えつけてしまうといったことも絶対に避けたいものです。

子育てをしている親のほとんどが、暴力を振るうことはいけないと思っているはずですが、男の子が多少暴れたり、ほかの子どもと小競りあいをしていても、見て見ぬ振りをしている場合が多いです。男の子だから仕方がない、という思いがどこかにあるからでしょう。

また、ケンカで殴られた子どもに対して、「お父さんが子どものときは殴り返してやったぞ！」と嘆いてみたり、「お前も男らしくなぐり返せ！」と逆にけしかけるような父親だと、暴力が暴力を生んでしまうことになってしまいます。

家庭で繰り広げられる子ども同士のケンカ、よくあることでしょう。それを仲裁する親は大変な苦労をします。どの子どもも、親はいつも自分の味方になってくれると思っていますから、ケンカで泣きながら訴える子どもたちのどちらが悪かったのかの判定は、決して簡単ではありません。しかし、どのような場合でも、「暴力を振るうことだけはいけない」とはっきり言い聞かせてください。そして、家族のみんなが、暴力に頼らない生活を実行するのです。

一九八〇年代のことですが、私は「ムーミン」の作者であるトーベ・ヤンソン（Tove Marika Jansson, 1914～2001）さんと電話で話したことがあります。そのころ、すでにムーミン家族とその仲間のお話は、アニメとなって日本でもテレビ放映がはじまっていましたが、「日本のアニメは、ムーミンの仲間が暴れすぎに描かれていて、私は少し失望しています」と、彼女は嘆いていました。

北欧の国における幼い子どもたちの遊びを観察して気づいたことですが、男の子同士の取っ組み合いや、日本のテレビなどで描かれている格闘シーンの真似をするといった様子をほとんど見たことがありません。北欧諸国における子ども向きのテレビ番組では、格闘シーンの放映が自粛されているからです。

逆に日本では、格闘シーンのある番組のほうが人気となっており、子どもたち、とくに

トーベ・ヤンソン（出典：『新装版　バルト海のほとりの人びと』小野寺百合子著、新評論、2016年、157ページ）

男の子たちにかなりの影響を及ぼしているようです。いくら憎らしいことをした悪者であっても、正義のためだからといって必要以上に痛めつけたり、怪我をさせてはいけません。

子どもには暴力を振るわないような大人になって欲しい、と願うのであれば、テレビ番組や読む本の選択に、それなりの注意を払う必要があります。

社会から暴力をなくすためには、法の力だけでは不可能なことが多いのです。それを踏まえて、幼いころから暴力は絶対にいけないということをみんなで教えていきましょう。

スキンシップを増やそう

どこの国の親も、子どもが小さいころは、抱きしめたり、頬を寄せたり、手足をなでたりするなど、愛着を示すスキンシップを子どもにしています。欧米では、大人になっても異性や年齢に関係なく、誰もがハグをするというシーンを見かけますよね。いかにも昔からやっているかのようなシーンですが、決して昔からあった習慣ではありません。

スウェーデンでも、女性同士や子どもとのハグはひと昔前から少しあったようですが、父親と大きくなった息子、そして男同士でハグをするといったことはほとんどなかったと言います。しかし今では、性別に関係なく誰もが気軽にハグをするようになっています。

ハグは、親しみや喜びを伝え、悲しいときには心を慰めてくれます。日本では、近代に入ってもハグをするという習慣は根づきませんでしたが、最近、ようやくハグする人たちの光景を見かけるようになりました。

先にも述べましたが、『NHKのど自慢』を見ていると、鐘を三つ鳴らした人が、その喜びを示すために司会者に飛びつき、ハグをしています。その光景を見ている観衆も朗らかな気持ちになっています。素直で温かい気持ちが伝わる表現方法は、子どもが小さいときにはよくありますが、大きくなるにつれて減ってしまっています。

とくに、男の子とのハグや、ほかの形のスキンシップが少なくなってしまいます。たとえば、男の子が転んで泣きべそをかくと、「泣いちゃダメよ！　男の子なのだから！」と戒めますが、女の子だと「大丈夫よ！」と慰めてハグをしています。男の子にも、優しい励ましの言葉とハグが必要だと思います。

親の愛情を身体や肌を触って伝えるというスキンシップの仕方は、文化や国によってまちまちですが、ほとんどの国の親は、子どもにハグをしたり、頬にキスをしたり、肩や背中をなでたり、手を握ったりします。そのやり方が文化的に違う国もあります。日本ではよいことをした子どもの頭をなでたりしますが、タイでは子どもの頭に手を触れてはいけないそうです。

親と子どもとの愛情の絆が強まることを「愛着形成ができる」と言いますが、これができないで育った子どもは、大きくなってからほかの人との交わりが難しくなる、と児童心理学者や脳科学者が指摘しています。愛着形成を強めるためにはスキンシップが欠かせないということです。

愛着形成ができなくて育った人のなかには、暴力沙汰を起こす人が多いと言われています。暴力沙汰をよく起こす人やイジメをする子どもたちの生い立ちを調べてみると、ほとんどの家庭では、親からの体罰や兄弟姉妹からのイジメが頻繁にあり、愛着形成がされていなかったと言います。

日本の女性のなかには、人混みや電車の中で腕や身体がちょっとでも他人の肌に触れると、すぐに身を縮めたり、謝ったりする人がいます。とくに、異性の人の肌に触れるとなおさらです。

男性のなかにも、女性が多くいるところから距離をとって、チカンと誤解されないように気を遣っている人もいます。このような反応をする人たちが育った家庭では、あまりスキンシップがなかったと推測できます。

しかし、現実の社会では、男女が一緒に働く職場であれば、身近に異性と混じりあって働くことが余儀なくされます。女性が進出してきている職場が増えている現在、異性だからといって遠慮しながら働くことはできません。そうかといって、異性の同僚に不自然なスキンシップやハグなどをすると「セクハラ」と言われてしまいます。

欧米の人たちでも、初対面や気心が知れていない人たちとハグをするという姿はめったに見かけませんし、働いている職場でハグをするというのは、同僚の誕生日、結婚、出産、退職などを除いてほとんどありません。

自然なスキンシップを身につけるためには、やはり幼いころから慣れさせる必要があります。中年層の人たちに慣れてもらうというのは少し難しいでしょうが、子どものころから行えば、大人になっても自然な形でできるはずです。

スキンシップは子育てには欠かせない動作です。親子との愛着（アタッチメント）の絆をしっかりと深める大切なツールであり、その関係がもっとも深く形成されるのは、生まれてから学校に入学するまでの期間と言われています。親と子どもがもっとも触れあえる、温もりといった愛情が伝えられる期間を大事にしましょう。

スウェーデンのプレスクールでは、活発すぎる子どもたちや友だちとトラブルを起こした子どもを静かな部屋に連れてゆき、先生が頭をなでたり背中をさすったり、マッサージをして落ち着かせることがあります。肩や背中、頭などをなでながら子どもたちに接すると、落ち着いた気持ちになり、人の話をよく聞いてくれます。それほど、スキンシップはポジティブ子育てにおいては有効なツールなのです。

脳科学が立証していることですが、男性も女性も、大人も子どもも、スキンシップをす

雪だるまを一緒につくって遊ぶのは楽しい。その過程にはたくさんのスキンシップがあるからだ（Alex-stock.adobe.com）

ることによって体内にオクシトシンというホルモンが分秘され、人の気持ちを穏やかにしてくれるという効果があるとのことです。共働きのお父さんやお母さんのストレスがたまったときなどにスキンシップで気持ちをお互いに和らげると、子育てにもよい連鎖が生まれます。

誰しもスキンシップの感覚は心地よいことを知っているわけですが、多くの場合、子どもが幼いときだけのものになってしまっています。子どもが大きくなるにつれて、親からのスキンシップを避けるようになります。とくに男の子は母親からのハグを嫌がり、女の子は父親からのハグを嫌がるようになります。

このような子どもの家庭では、お父さんとお母さんの愛情表現が欠けているか、子どもの前では控えているのではないかと思われます。家族のみんなが自然にハグをしたり、背中をなでたりする習慣をつくることをおすすめしたいです。

日本人の父親も、子どもが幼いころにはよく抱っこをしたり、頬を寄せたりしているはずです。さらに、欧米にはない習慣ですが、子どもと一緒にお風呂に入ったりもしていると思いますが、子どもが大きくなるにつれて徐々になくなっていきます。そればかりか、ハグや背中をさすることも少なくなります。

そして、中学生や高校生になると、「異性との接触、腕や肩に触れることは極力避けるように」と指導する教師や親がいますが、これを忠実に守って社会に出た子どもたちは、働く職場で異性との交わり方に戸惑ってしまうのではないでしょうか。

仕事場において、カタログや図面を見ながら協議しているときなど、異性の肩や腕に触れてはならないことを気にして縮こまっていては仕事になりません。ほとんどの人は、自分の親や友人とハグをしたときの温かい感覚を覚えているはずです。ハグをすると、何となく親しみが深まったような気持ちになりますので、勇気をふるってチャレンジしてみましょう。

そういえば、夜の繁華街で、ほろ酔い気分の人たちがハグをしている姿を見かけることがあります。普段は人前で表せない友情の気持ちを、お酒が少し入ったおかげで、お互いに本音を伝えているのでしょう。欧米の子どもたちは、友だち同士でケンカをしたあとの仲直り証として、ハグや肩をさすったりすることがよくあります。

家庭でも、両親、親子、兄弟姉妹同士が争ったあとの仲直りでは、お互いにハグをし、背中や肩をさすりあうという温かい気持ちのスキンシップをおすすめしたいです。

ハグをはじめとするスキンシップをすれば、友情、愛情、喜び、悲しみ、励まし、慰めなどといったさまざまな気持ちを伝えあうことができます。男女平等の社会では、男女が仲良く助けあっていかなくてはなりません。それゆえ、自然なスキンシップを身につけることも子育てにおいては欠かせない大切な要素となります。

子どもたちとメディアの迷宮——衣服や持ち物などの褒め方に気をつけよう

スウェーデンのプレスクールにおいて、幼児教育者たちが子どもたちと接する際に求められる留意点が三つありますので紹介しましょう。

・男女平等の観点
・社会的な平等の観点
・子どもの個性への配慮

男女平等の観点では、特定の子どもや衣服、また所有物を褒める際、「かわいい！」、「かっこいい！」、「ハンサム！」、「すご～い！」などのフレーズにおいて、性別を強調する言葉だけで終わらないように努めること、と念が押されています。

たとえば、女の子が新しい洋服を着てきたときに、「かわいい！　やっぱり女の子にはピンクがよく似合うわね～！」と教師が褒めたり、男の子のTシャツのキャラクターを見て、「そのロボットすごい！　男の子だもんね、よく似合うよ！」と性別を指した褒め方はできるだけ避けるべき、とされています。

この例では、「やっぱり女の子には」と「男の子だもんね！」が男女平等の観点からすれば不必要なフレーズとなり、ただ単に「○○ちゃんの新しい洋服、よく似合うわね！」とか「○○くんのTシャツのキャラクターはすごい！」と言えばいいだけです。

幼い子ども一人ひとりが秘めている好みや個性を見つけるというのは、そう簡単なことではありません。モノや洋服を選ぶときなどはとくに迷うものです。つい大人の目線で、女の子に似合う色はピンクや赤系で花の刺繍が施された洋服を、男の子には強い印象を与える青とか黒系がよいと決めたり、キャラクターも英雄的なイメージのものをすすめたりしますが、これが行きすぎると子どもの個性に関する成長を阻んでしまうことにもなりかねません。

子どものなかには、赤系の色を好む男の子もいますし、女の子のなかにも、美しい人形よりも強そうなロッボトのキャラクターに興味を示す子どもがいるのです。

どのような子どもも、潜在的な好みや何かに優れている素質を秘めています。その個性が芽生えだすとき、選択肢を制限するのではなく、選択の幅が広がるような機会を子どもに与えることが親の大切な役目となります。

たかがモノや洋服のことで男女平等に結び付ける必要はないのではないかと、眉をひそめる人がいるかもしれません。たしかにそうかもしれませんが、ここでの問題意識は男女平等に対する親の姿勢なのです。ささいなことで、何でもないようなことが根本的な大きな問題につながっていることを忘れてはいけません。

以下のことは、男女平等の子育てに直接に関係するものではありませんが、気をつけるべきこととして付け加えておきます。

その一つは、プレスクールに通う子どもたちの衣服や持ち物は、各家庭の経済的な事情や親の子育てに関する考え方によって違ってくるという事実です。一般的に裕福な家庭の子どもは、それなりに高価なモノを持ち、身なりもよく、人から「すごくかわいい！」、「すごく似合う！」、「かっこいい！」などの褒め言葉をたくさん聞くことになります。

子どもの持ち物や着ているものを褒めすぎることには注意が必要です。理由は、褒め言葉をもらうために、さらに新しいものを欲しがるようになってはいけないからです。片親家庭、親が疾病や失業中、兄弟姉妹が多いなどの理由で経済的な余裕がない家庭の子どもは、このような言葉を耳にする機会が少ないからです。

もう一つは、子どもの衣服や持ち物を褒める際、ただ単に「かわいい！」とか「かっこいい！」と感嘆するだけではなく、なぜそうなのか、感じた理由を付け加えることがすすめられています。

「かわいい！」とか「かっこいい！」だけでは、子どもにその理由が分かりません。単なる感嘆詞ですまさず、感じた理由をちゃんと話すことは、子どもたちが物事を理解し、説明するといった表現力を養うことにもつながります。また、その理由が分かると、子ども

衣服や持ち物は、家族のスタイルを表すことを少しだけ意識しよう
（Martin of Sweden-stock.adobe.com）

への具体的な喜びや励ましともなります。たとえば、新しいTシャツを着た子どもを見て、「Tシャツのブルーが青空の色みたい！」とか「新しいスカート買ってもらったの？　いろんなお花がいっぱいあって、きれいね！」というように、見たときの感想を付け加えて褒めてください。

子どもが物事に対して上手に説明できるようになってほしいのなら、大人や親が、面倒でもきちんと子どもに説明をしてあげること、そして子どもの意見や感想をきちんと聞いてあげることが重要となります。感じた気持ちを言葉で表す練習を行っておけば、大人になってから必ず役立ちます。

絵本・おもちゃの選び方に気をつけよう

衣服や持ち物などについての褒め方に気をつけることと同じように、おもちゃや絵本の選び方にも気をつけたいものです。

子どもたちに与えるおもちゃや絵本は、個性発見のきっかけともなる大切なツールです。ですから、その選択にはそれなりの配慮が必要となります。たとえば、自動車のおもちゃや組み立てキットでの遊びが理由で工学的なことに興味をもつようになったり、昆虫や動物の絵本を見て生物学的なことに夢を広げてゆくかもしれません。

ほとんどの親は、おもちゃや絵本を自分の子どもに買い与えるときには、男の子にふさわしいものとか、女の子にふさわしいと思うものを選んでいます。もちろん、親がもっている期待感がそのときに現れるわけです。男の子には元気で強い子になってほしい、女の子にはかわいい優しい子になってほしい、というものです。

このような期待感が強い場合は、子どもに男女別の意識が根づいてしまい、男の子は男らしいものだけで遊ぶようになり、女の子は女の子らしいものだけで遊ぶようになってしまいます。これらのことが、子どもの潜在的な個性の芽生えを摘んでしまう場合があります。

誰でも個性をもっていますので、子どものうちからそれを見つけて育てていくことが親の大切な役目となります。今後、さらに男女平等が進んでゆき、性別に関係しない職業の選択が広がってゆくことを考えると、早いうちからさまざまなことを経験させるほうがいいでしょう。

その発見は、いろんな状況のなかで見つけられます。子どもが遊具で遊んでいるときや、絵本を読んでいるとき

遊びの無意識な制限は、子どもの潜在的な個性を摘んでしまう（イラスト：丸岡萌）

の様子から、親はなにがしかのヒントが得られます。ロボットや車のおもちゃを与えたときに夢中になって遊ぶ子どもであれば、機械好きであることはほぼまちがいありません。

一方、お菓子づくりのままごと遊びをよくしたり、お菓子の絵本をよく見たりしている子どもであれば、お菓子づくりに興味をもっていると判断できます。ひょっとしたら、パティシエになるかもしれません。そのような想像力をもって、その興味に見合ったおもちゃや絵本をさらに買い与えればいいのです。

これを見分けるときに注意すべきことは、男だから、女だからという性別に配慮しないことです。男の子がお菓子づくりに興味を示し、女の子が機械に興味を示しても一向に構わないのです。

最近では、女の子が機械的なおもちゃで遊ぶ様子を好意的な目で見る人が増えてきました。ところが、男の子が静かにお人形で遊んでいるとネガティブな眼差しをする人が多く、それを辞めさせようとする大人もいます。言うまでもなく、男女平等の観点からはやってはいけないことです。

男女平等を意識した子育ての基準は、個性を優先することです。ですから、親がまったく予想もしていなかったことに子どもが興味を示すことがあってもいいのです。そのため

さまざまな経験が子どもの夢を広げていく（StellaSalander-stock.adobe.com）

にも、子どもにはさまざまなことを幅広く経験できるような機会を与える必要があります。男・女だからといって、子どもの夢を制限してはいけないのです。

日本に『世界で一つだけの花』（槇原敬之作詞作曲、二〇〇二年）というヒットソングがありました。その歌詞に、「♪一人一人違うのに　その中で一番になりたがる？♪」というフレーズがありますが、エリート社会という風潮を皮肉った素晴らしい歌だと私は思っています。

この歌詞のとおり、個性は大切なことです。子どもがもっている潜在的な個性を見つけだし、それを育てあげるというのが親の役目です。自分の子どもが、ほかの同性の子どもたちと同じことが「できない」、または「しない」などといった理由で責めることは絶対に避けたいものです。そういえば、この歌の最後の歌詞は次のようになっていました。

「NO.1にならなくてもいい　もともと特別なOnly one」

自分の子どもがほかの子どもと違ったこと、変わったことをしたときなどは、それを即座にやめさせるのではなく、見守るという選択肢があってもいいのではないでしょうか。男の子であっても女の子向きのおもちゃで遊んだり、女の子が男の子向きのおもちゃで遊ぶ。そして、それらに関係する絵本を読んであげるといった機会があれば、子どもが想像する世界は二倍に広がり、それが個性の発見につながることもあります。

実際、人形の着せ替え遊びを幼いころにやっていた男の子がデザイナーになったという話や、それを目指している人が実際にはたくさんいるのです。また、現在では、製造業や機械産業で働いている人たちのなかに、工学系の勉強をしてエンジニアになったという女性が増加しつつあります。このような女性たちの多くは、幼いころから自動車や電動おもちゃに興味を示して遊んできたはずです。

社会は男女の性別に縛られない、幅広い多様な職業選択が進んでいます。子育てにおいても、それをふまえる必要があります。

スウェーデンの保育に関する教育書に、子どもにおもちゃを与える際に気をつけるべき実例が載っていました。

あるプレスクールで、教師が自動車のおもちゃとお人形を持ち、ピター君とメリーちゃんに「どちらで遊びたい？」と問いかけると、二人とも「自動車で遊びたい！」と答えました。すると教師は、「ピター君は、昨日、この自動車で遊んだでしょう。だから、今度はメリーちゃんの番ね！」と言って、おもちゃの自動車をメリーちゃんに渡したというお話です。

ひと昔の教師でしたら、男の子には自動車を、女の子にはお人形を渡したはずです。しかし、教育書に載っている教師は、男女平等の機会を子どもたちに与えました。

家庭における子育てにも、これは適用できます。おもちゃ屋さんに行ったときなどに、男の子を人形や着替え遊びなどがある売り場につれていく、逆に、女の子をロボットや電動おもちゃの売り場につれていってみてはいかがでしょうか。ひょっとしたら、新しい反応が見られるかもしれません。もちろん、強制をしてはいけませんが、子どもにさまざまな機会を提供することが大切です。

おもちゃや絵本の選び方ばかりでなく、展示会や博物館のイベントにおいても、主催者は性別を意識しています。

実際、鉄道、自動車、ロボットなどといったテーマのイベントでは男性の見学者が多くなると思っていますし、人形、花、お菓子などといったイベントであれば女性の来場者を期待しています。もちろん親も、前者のイベントには男の子を、後者のイベントには女の子を誘ったりしています。

誰もが気づかないでいる子どもの才能を表に出すためには、このようなイベントに行く場合でも固定観念で決めつけないことです。子ども自身が自己発見できるチャンスを増やしてあげましょう。

現在の社会は、誰が何をやっても違和感を覚えないという方向に進んでいます。そのことをふまえて、子どもたちには性にとらわれない自由な考え方の子育てを行っていきましょう。

メディアには気をつけよう

子どもは生まれて初めて見るものや聞いたことに興味を示し、さまざまなことを吸収してゆきます。乳母車に乗って外出したときなどは、目を大きくして周りを見渡し、たくさんの人やモノに出会い、少しずつ社会に触れていきます。

家では、お父さんとお母さんに守られながら、さまざまなルールを学んでいきます。大切な教えという役目を担っている両親は、常に子どもの側にいることはできません。家事・料理などで子どもから目を離さなくてはならないときがあります。そんなときに子どもが何をしているのかというと、一番多いのがテレビを見ることです。

私たちの生活の周りには、宣伝広告、ポスター、雑誌、マスメディアなどから伝わってくる刺激的な言葉や画像が氾濫しています。そのなかでも、人々にもっとも大きな影響を及ぼしているものとなれば、やはりテレビとなるでしょう。いや現在では、スマホやタブレットで見る動画などのほうが影響は大きいかもしれません。

いずれにしろ、テレビなどに映しだされる華やかな人たち、動物、モノ、そして色や動きを子どもたちの目が吸いこんでいきます。二〜三歳の子どもたちがテレビを見ている時間は一日に三時間にもなる、という日本の調査結果があります。言うまでもなく、テレビから受ける影響がそれだけ大きいということです。

厄介なことに、テレビに流れる映像には矛盾したメッセージがたくさんあります。日ごろから男女平等を心がけて子育てをしている親であれば、テレビが伝えているメッセージと子どもに教えていることが一致しなく、戸惑いを感じているはずです。

欧米と日本のテレビ番組を見た際の一番の違いと言えば、日本の場合、圧倒的に男性優位となっています。たとえば、番組の主役である司会者やコメンティーターは圧倒的に男性が多く、女性はアシスタント的な役割となっています。このような役割配置はかなり前から見られますが、現在に至ってもあまり大きな変化はありません。

担当するテーマによっても男女の区別がはっきりしています。政治、経済、スポーツ番組は主に男性が担当し、家庭、保育、ファッションに関する番組は女性という偏ったパターンの映像は、性別に基づく役割のイメージを人々に植えつけてしまいます。

かなり前から批判されてきたのにもかかわらず、政治・経済のような重要なことは男性が担い、家庭のことなどといった身近なテーマは女性が担うという性別役割のイメージを、現在も変わることなく人々に発信しているのです。

このようなことは子どもには分からない、と甘く見てはいけません。このような考え方が育児・子育ての番組にもありますし、無意識にそれらを見ている子どもたちに影響を与えているのです。

NHKの告示には、「文化の担い手として新たな文化育成をすること」とか「あらゆる差別を排除すること」というミッションが掲げられています。男女平等という考え方は新しい文化なわけですが、そうなると性別役割は差別となります。たしかに近年は、男女格差やジェンダーのテーマがかなり取り上げられています。しかし、一方で男女平等を無視した性別役割の姿がテレビから流れている状況には矛盾を感じてしまいます。

一例を挙げましょう。NHK総合テレビの『これでわかった!世界のいま』（二〇一五年～二〇二一年）という番組がありました。世界のホットニュースを、事情に疎いと思われる女性タレントをレギュラーとして、毎週一人のゲストを招き、専門スタッフが分かりやすく解説するという番組です。

問題となるのは、番組の内容ではなく、世界の政治や経済を解説する「先生役」を男性が占めていたという事実です。

ついでに言うと、日本のテレビにおける女性司会者の容姿には、外見に関する共通点が見られます。どの女性も、スタイルと美貌がよい人たちで占められており、これが女性司会者になる絶対条件ではないかと錯覚してしまうほどです。

かなり前のことですが、日本のある保育園で、四～五歳子どもたちに囲まれて話をしたことがあります。そのときに、「みんな、将来どんな人になりたい？」と尋ねてみました。さまざまな返事が返ってきましたが、一人の女の子が「テレビのアナウンサー！」と答えたところ、友だちの一人から、「ダメだよ！　○○ちゃん、メガネかけているから！」と否定されてしまいました。

たしかに、日本のテレビに出てくる女性アナウンサーでメガネをかけた人を見たことがありません。欧米のテレビで見られるような、太った人、痩せた人、肌の色が違う人、移民の人、車椅子に乗った人などはいません。

メガネをかけた女性はテレビのアナウンサーにはなれない、と言った男の子に悪気はなかったでしょう。日ごろからテレビを見ているうちに、自ずとそう思うようになってしまったのです。

子どもに、「男でも女でも同じなのよ！」と男女平等を意識した子育てをしてきた親であれば、前述したように、テレビから流れる男女不平等の映像に戸惑うといったことが度々あるはずです。とくに日本のテレビ番組には、男らしさ、女らしさを強調しすぎるシーンが多いように思われます。

子ども向きのドラマやアニメでは、正義の味方のヒローが憎い悪者をさまざまな手段でねじ伏せるというシーンが多いです。正義の味方は、悪者と話し合いをするよりも、武器などを用いたアクション・シーンを見せるほうが子どもたちも喜んでエキサイトするからでしょう。

しかし、このような番組ばかりを見ていると、日ごろの子育てにおいて「暴力は絶対にいけません！」とか「怒鳴ったりしないで、ちゃんとお話をするのよ」などと教えてきたことと矛盾してしまいます。

テレビばかりでなく、大人たちとの会話にも、日ごろから教えていることと矛盾する場合がたくさんあります。祖父母や親戚の人たち、近所の人たちのなかには、古い性別役割という考えのもとで子どもたちに話をしている場合があります。このような場面では、「○

○君は男の子なんだから～」とか「○○ちゃん、女の子らしくして」というような言葉からはじまっています。

このようなとき、男女平等の子育てに努めてきた親は、どのように対処すべきだろうか、と戸惑ってしまいます。誰もが子どものことを思って話しかけたわけですから、「今、おばあちゃんが言ったことはまちがっているのよ！」と、一刀両断に否定してしまうわけにはいきません。それに、このような指摘を何回もしてしまうとおばあちゃんへの不信感が募り、子どもはおばあちゃんが言うことを無視するようになってしまいます。

このような場合は、「さっき、おばあちゃんはあのように言ったけど、お父さんはそうでないと思うよ」とか「お母さんは、おじいちゃんが言っていたこととちょっと違った考え方をしているの」といったような、多少疑問を含むようなニュアンスのコメントをするほうがいいでしょう。

幼い子どもは、親が話す言葉を誰よりも一番に信じます。それだけに、物事の良し悪しの判断に関しては、できるだけ子ども自身が考えて納得するといった機会の提供が必要となります。もし、テレビのドラマでお母さんだけが料理や育児をせっせとやっているシーンが流れたら、「うちのお父さんは料理も育児もするので、お母さんは楽よ！」と子どもにほのめかしてみてはいかがでしょうか。

男女不平等なテレビ映像は、これからもそう簡単に減ることはないでしょう。そうかといって、消極的にそれをただ見ているだけでは社会は発展しません。男女平等の子育ては、親がもつ価値観の深さによって子どもに対する対応が変わってきます。男女平等の意識が強い親ほど男女差別や不平等な点が見分けられます。逆に、無関心な人ほどその発見が難しくなります。

男女平等を望む人であれば、男女の性差別的なドラマのシーンや話に疑問をもち、批判的な目が養えるはずです。そのような姿勢が、男女平等を意識した子育てに反映してくるのです。

ポジティブな子育てを心がけよう

ポジティブな子育てとは、子どもの言動のまちがいや失敗を強い言葉で戒めたりするのではなく、子どものよい面を探して、励ましていくというプラス思考の育て方です。子どもがもっている潜在的な個性を見つけて、それを育んでいくことが大切です。

子どもが何かまちがいを犯すと、よく耳にするのが「ダメ！　ダメ！」というダメ尽くしの言葉です。「今度したら許さないわよ！」とか「そんなことしたら、何も買ってあげないよ！」などといった脅しの言葉もあります。そして、叱られた子どもはただ頷くだけ、となります。

このような言葉を聞き続けて育った子どもの多くは、人から何かを言われると、ただ黙りこんでしまい、自分の意志がはっきりと言えないという、自主性や批判力に欠ける大人になってしまいます。学校や社会において、先輩や地位の高い人が言うことを、ただ静かに頷いて受け入れてしまうという「イエス・マン」になってはいけません。

スウェーデンの保育書に、ポジティブな子育ての実例が載っていました。

二人の子どもが走りだし、一人が歩道から車道に転び落ちました。それを見たもう一人が、転んだ友だちのところに行って、抱きあげて歩道に戻しました。

この様子を見ていた教師が、助けた子どもに向かって、「偉かったわね！　お友だちを助けてくれてありがとう！」と褒めていました。そのあと、二人の子どもに向かって、「走るときには気をつけるのよ！」と言いました。

この教師のやり方が、正しい「ポジティブ育児」と言えます。なぜなら、多くの教師は、まず「走ったらいけないでしょう！」と、子どもたちを叱るというのが一般的ですから。

この教師は、助けた子どもの行為を最初に褒めました。子どもが転ぶことはよくあるわけですが、ほかの子どもを助けたことを、この教師はすごく大切なことだと思って、それについて子どもたちに教えられるチャンスだと判断したわけです。

ポジティブ育児における原則は、よいことをしたら褒めることはもちろんですが、まちがったり、約束を破ったりしたときには、その理由や原因を説明するチャンスを子どもに与えて、その言葉にしっかりと耳を傾けることです。子どもの説明には、正当な理由もあるだろうし、知らなかったことや、忘れてやってしまったこともあるはずです。そのことをちゃんと説明して、反省するといった姿勢が大切なのです。

子どもの説明を聞くときには、やったことを責めるような問いかけを避けて、理解しようとする姿を見せる必要があります。犯してしまったまちがいに対して頭から怒鳴りつけてしまうと、子どもは萎縮してしまいます。

ポジティブ育児は、男女平等を意識した子育てに大いに関係してきます。成長期に、男の子はやってもよいが女の子はやってはいけないこと、逆に女の子はやってもよいが男の子はやってはいけないという規範が多すぎるからです。

子どもを叱るときに口から出る言葉に、「あなたは男の子なんだからしっかりしなさい！」とか「女の子がそんなことをしてはいけません！」などというものがありますが、その子どもが一体何をしたのかとよく見ると、ほとんどの場合、性別とはまったく関係のないことに気づくはずです。

勉強やスポーツなどで、「お前は男でしょう、女の子なんかに負けるんじゃないよ！」とか「女の子だって、男の子に負けないところを見せてやりなさい！」といった発破《はっぱ》のかけ方はできるだけ避けたいものです。

かなり昔の話、私が小学生のときです。男友だちが運動会の徒競走で女の子に抜かれたとき、友だちから「なんだお前、女の子に抜かれたのかよ！」と言われたそうです。その言葉が頭から離れなくなり、「長い間、トラウマ的な劣等感を抱いてしまった」と彼は言っていました。

この話、男性が体力面で女性に劣るというのは「恥」とされていた時代のことですから、言われた人はかなりの屈辱感を味わったことになります。これとは逆に、「○○君に負けたの？　仕方ないよ、女の子なんだから！」と言われている場面も記憶しています。女の子のほうが劣っているという時代は、すでに「過去のもの」と考えたほうがいいかもしれません。

とはいえ、男性が体力的、能力的に女性より劣ることは情けないことで、女性が男性よりも優れていることをポジティブに受け取れないという人が多いのも事実です。しかし、現実の社会は、女性が至る所で活躍している時代となっています。そして、世界では「男・女のくせに〜」というフレーズが消えはじめています。

園庭や公園などで、幼い女の子が男の子に混じってサッカーをしているという光景は珍しいものではなくなりました。大人の世界でも、女子スポーツが普及し、優秀な女子アスリートが現れてきました。そのせいか、女の子が男の子と同じく元気に身体を動かして遊ぶことをポジティブに捉える親が多くなっています。

なかには、「うちの娘は男の子たちと一緒にサッカーなんかして、やんちゃすぎるんですよ！」と、心配するのではなく自慢として話す親もいます。このように、女の子が活発で元気なことを「よい」と捉える人が増えているのです。

ただ、男の子が女の子たちに混じって女の子らしい遊び、たとえばお人形で遊んだりすると、まだまだ親や人々はネガティブに受け取るようですが。

大人の社会でも似たような場面が見られます。スウェーデンでも、高齢となった親の世話や介護をするのは女性のほうが多く、たまに「年寄りの面倒をよく見てくれるのは息子のほうです」という話を聞くと、「あなたの息子さんは偉いですね！」と褒めてくれますが、「娘がやってくれています」と言うと、ほとんどの人が「当たり前でしょ！」といったような反応をしています。

さて、子どもが大きくなるにつれて、将来の夢を親と話すという機会が多くなります。最近は、女の子がどのような職業を夢見ても人々はポジティブに受け入れるようになりましたが、男の子の夢が女性の仕事とされる職業を選ぶ場合は、やはり多くの人が戸惑ってしまいます。

多くの親は、男の子が「警察官、消防士、救急士になりたい」と言うと満足したほほ笑みを返してきますが、「看護師、保育園の先生、介護士になりたい」と言うと、「えっ〜！そんな仕事がいいの？」と眉をひそめたりしてしまいます。

ここまで読まれたみなさんであれば、もうお分かりですよね。そのような表情をする親

子どもたちの夢は無限に広がっていく（Irina Schmidt-stock.adobe.com）

を見続けた子どもは、男の子には好ましくない仕事があるのだ、という偏見をもってしまうことになります。このような点が、これからの男女平等社会においては課題となりそうです。

子どもの夢は無限に広がります。男だから、女だからという制限も徐々になくなっていき、夢はさらに広がっていきます。子どもたちが口にする将来の夢は、どこかで見たことや体験したことがもとになっています。それは、何の制約もない自由な発想で形づくられています。そのような夢に、「男・女」という条件を付けてはいけません。

子どもの夢はたくさんあり、成長過程でさまざまに変わります。どのような夢も、性別を考えることなくポジティブに捉える必要があります。これが男女平等を意識した子育てに深くつながっていることを忘れないでください。

第5章 子どもたちが語る男女平等

——羽ばたけ、未来の子どもたち

どこに向かって飛んでいくのだろうか（Martin of Swaden-stock.adobe.com）

かつてとは違う、新しい男女平等の意識で子育てをされ、そのような教育のもとで育てられてきたスウェーデンの子どもたちは、現在の大人社会における男女役割をどのように捉えているのでしょうか。

男女平等の成果の度合いを具体的な形で伝えるために、スウェーデンの子どもたちを対象にしてアンケート調査をやってみました。対象年齢を小学校五年生にしたのは、この年齢になると物事を判断する力が養われてくるからです。そして、その回答からそれなりの評価が得られると判断したからです。

スウェーデンの国土は日本の約一・二倍となっていますが、そのほとんどが森林と湖で覆われています。人口は一〇〇〇万人強で、その大部分が中・南部と海岸沿いの地域に住んでいます。学校は小規模で、各学年のクラス数は一～二組がほとんどで、一クラスの生徒数は一五～一六名程度と少なくなっています。

アンケートをお願いした学校は、ウエブサイトに掲載されている全国学校リストから無作為に一〇校を選んでいます。そのために用意した依頼状とともに、アンケート用紙を郵送しました（二〇一七年五月）。

数週間後、五校、五組から回答がありました。回答者数は八二名、内訳は女子が四二名、男子が四〇名で、匿名となっていました。質問によっては、無回答というものが数点ありました。この程度のサンプル数では、統計的な分析として若干物足りなさを感じるかもしれませんが、一つの目安を得るためには充分と考えています。

アンケートでは、両親の就労状態やパート就労の有無などの質問もしています。それらの回答から、スウェーデンの小学校五年生の子どもたちが、男女の役割をどのように受け止めているのか探ってみました。

質問　パパ、ママは働いていますか？（回答数75）

パパとママ	65（87パーセント）
ママだけ	7
パパだけ	3

この結果を見ただけでも、スウェーデンでは共働きの家庭が多いことが分かります。また、一方の親だけが就労している理由として、職業訓練中、教育を受けている、失業中、そして疾病などが考えられます。

質問　あなたのお家では料理を誰がしていますか？（回答数79）

パパとママの両方　51（65パーセント）
どちらかといえばママ　16（20パーセント）
どちらかといえばパパ　12（15パーセント）

いかがですか、料理をしている両親に区別のないことが分かります。「どちらかといえばママが一六名、どちらかといえばパパが一二名となっていますが、その差は小さく、ほとんどの家庭では、料理が好きで上手なほうの親がやっていると判断してもよいでしょう。

この結果から、家庭において食事の準備や料理をするのは、もはや母親の役割であると思っている子どもはいないと言えます。

質問　もし、幼い弟か妹ができたら、育児に相応しいのは誰だと思いますか？（回答数81）

パパとママの両方　男子10名、女子28名（合計38名・47パーセント）
どちらかといえばママ　男子23名、女子15名（合計38名・47パーセント）

どちらかといえばパパ　男子五名、女子〇名（合計5名・6パーセント）

男女平等において社会が強く求めていることの一つが、父親の育児・子育てへの参加です。スウェーデンの子どもたちは、これについてどのように受け止めているのかを探りました。

育児は誰が適しているのかという問いに、約半分の生徒が「パパとママが相応しい」と答え、その内訳は男子が一〇名で、女子は二八名と若干の差がありました。また、「ママが相応しい」と思っている子どもも四七パーセントと多く、その内訳は男子が二三名、女子は一五名でした。半分近くの子どもがママを選んだのは、赤ちゃんの授乳は母親にしかできないという思いがあるためではないかと考えられます。

「パパが相応しい」と答えた男の子が五名いたというのが興味深いところですが、男女平等の子育て・教育が進んでいるスウェーデンでも、育児は母親のほうが相応しいと思っている子どもがまだ多いようです。

現実社会の男女平等を測るバロメーターの一つである男女別の親の有給育児休業日（一八か月）の取得率を見てみると、近年の母親の取得日数は約七〇パーセントで、父親は三〇パーセント（二〇一九年調べ）となっています。スウェーデンでも、育児の点では父親のさらなる努力が求められます。

質問　あなたは、大会社の社長になる人には誰が相応しいと思いますか？（回答数80）

男女どちらでもよい　　男子19名、女子27名（合計46名・58パーセント）
女性のほうが相応しい　男子2名、女子10名（合計12名・15パーセント）
男性のほうが相応しい　男子17名、女子5名（合計22名・28パーセント）

スウェーデンにおいて男女平等で遅れをとっている一つの分野として、民間の大企業における会長、社長、取締役などといった重役ポストに女性が少ない点が指摘されています。傾向としてはゆっくり改善してきているものの、女性の重役数の割合は三七パーセントであり（二〇一七年調べ）、男性との差がまだあるという批判があります。

このような現実を、家庭やメディアを通して耳にしているであろう五年生の子どもたちは、この事実をどのように捉えているのかを探るための質問でした。

アンケート結果を見ると、過半数以上の五八パーセントとなる生徒が、大企業の重役ポストには「男女どちらでもよい」と答えています。結果を見たら分かるように、男女の思いに多少の偏った差が見られますが、女子の、未来に向けての意気込みを感じることができます。

社会では、経済界における女性の地位向上を求める声は女性のほうに強くあり、子どもたちの思いも、このような社会の流れにマッチしていると言えます。

質問　あなたは、国の首相になる人には誰が相応しいと思いますか？（全員回答）

男女どちらでもよい	男子20名、女子31名（合計51名・70パーセント）
女性のほうが相応しい	男子1名、女子7名（合計8名、11パーセント）
男性のほうが相応しい	男子14名、女子0名（合計14名、19パーセント）

スウェーデンでは、一九七〇年代から女性の政界進出を強めてきました。そして、今世紀に入ってからの国会議員数は女性と男性が同数となり、大臣ポストも半々という状態が続いています（九六ページ参照）。このような社会が当たり前として育った子どもたちに、国のリーダーである首相となる人に対して性別を感じているのかを探る質問です。

表3　スウェーデンの首相（太字が女性）

第38代　イングヴァール・カールソン（1986年３月１日～1991年10月４日）スウェーデン社会民主労働党
第39代　カール・ビルト　（1991年10月４日～1994年10月７日）穏健党
第40代　イングヴァール・カールソン２期（1994年10月７日～1996年３月22日）スウェーデン社会民主労働党
第41代　ヨーラン・ペーション（1996年３月22日～2006年10月６日）スウェーデン社会民主労働党
第42代　フレドリック・ラインフェルト（2006年10月６日～2014年10月３日）穏健党
第43代　ステファン・ローベン（2014年10月３日～2021年11月30日）スウェーデン社会民主労働党
第44代　**マグダレナ・アンデション**（2021年11月30日～2022年10月18日）スウェーデン社会民主労働党
第45代　ウルフ・クリステルソン（2022年10月18日～現職）穏健党

アンケート結果は、七〇パーセントの生徒が首相には男女区別という意識をもっていないことが分かります。ただ、「男性が相応しい」と答えた男子が一四名おり、「女性が相応しい」と答えた男子はたったの一名でしたが、調査をした時点では女性の首相が誕生しておりませんので、それが少し影響しているのかもしれません。「女性が相応しい」と答えた女子が七名いましたが、「男性が相応しい」と答えた子どもは一人もおらず、ここでも女子の意気込みを感じてしまいます。先にも述べた

ように、二〇二一年一一月三〇日に女性の首相（マグダレナ・アンデションが誕生しましたので、子どもたちの思いも変わるかもしれません。参考までに、一九九〇年代からの歴代首相を**表3**として紹介しておきましょう。

質問　将来、あなたはどのような仕事をすることを夢としていますか？

男子——プロのサッカーやアイスホッケー選手が一一名、体育教師、学者、IT関係、ポリス、学者、エンジニア、パイロット、軍人、歌手など。

女子——獣医や医者、弁護士、不動産販売、馬術やイルカ調教師、警察官、研究者、IT関係、サッカー選手、ボクサー、ビジネス、パイロット、教師、幼児教師など。

世界の多くの国々で、女性の職業選択の幅が広がっています。とくに今世紀に入ってからITや情報技術が進展したことで、性別に関係しない、個人の能力が尊重される社会に向かっていると言えます。このような環境のなかで育っている子どもたちの「将来の夢」を探る質問でした。

男子生徒が夢みる職業は、従来から男子が占めていた職業に加えて、時代のトレンドに

公園で育児に携わる父親たち（出典：『スウェーデンが見えてくる』森元誠二、新評論、2017年、68ページ）

あった夢を抱いています。ただ、女性の職業とされてきた、教師、保育士、介護士、看護師などを選んだ男子は一人もいませんでした。

一方、女子が抱く将来の夢は、男子よりも幅広く、女子の定番となっていた職業である看護師、教師、保育士、秘書などは減り、幅広く新しい職業への夢が広がっているように思われます。

アンケート結果から見ても分かるとおり、スウェーデンの子どもたちは、男女という性別的な役割意識をほとんどもっていないことが分かります。育児の点では性別役割という思いがまだ多少あるようですが、この点でも社会全体は前進しています。

スウェーデンの平日、街で育児休業中の若い父親が乳母車を押している光景に出会っても誰も足を止めませんし、気にもしません。家事全般においても男女別という役割意識はほとんどなくなり、育児も女性専属という意識は「ない」と言ってもいいでしょう。

現在のスウェーデンの子どもたちが社会を見つめている目には、かつてのような男女別の制限や障害物は何もないのです。この事実は、性別に関係なく、子どもたちが自らの可能性に向かって成長していることの証となります。

おわりに

日本で出会った人たちに、「スウェーデンに五〇年以上も住んでいる」と話すと、スウェーデンでの生活や社会の様子を尋ねてくる人が多いです。その質問は、スウェーデンの自然、気候から人々の性格、食べ物や暮らし方など、かなり幅広いものとなっています。地理的にも遠い国、北欧スウェーデンのことですから、日本との違いは何んだろうか、と思うのはごく自然なことでしょう。

そんなとき、質問する人の興味や専門分野がある程度分かっていればその点に絞って話せるのですが、「スウェーデンって、どんな国?」というような漠然とした質問には、いったい何を話したらよいのかと、ちょっと戸惑ってしまいます。

このような経験から、私は「スウェーデンは男女平等が進んだ国です!」とまず答えることにしました。両国の間にはほかにもたくさんの違いがあるのですが、現在ではこれが一番大きな違いだと思っています。男女平等に関するさまざまな国際比較においても、常に北欧諸国はトップで、最下位近くに位置しているのが日本ですから、仕方ないですね。

とはいえ、最近の日本の様子を見ると、男女平等の気運がかなり高まっているように感じます。性的役割を示すステレオタイプな言葉を言ったり、求めたりすることに人々の目がシビアになってきて、多くの人たちが、日常の暮らしのなかで発する「男・女らしさ」の言動に気をつけるようになっていると思えます。

メディアでも変化が見られます。

二〇二二年一〇月から放送されているNHKの連続テレビ小説（朝ドラ）『舞いあがれ』の女性ヒロインの目標は、航空パイロットになることです。ひと昔前であれば、男性の憧れ職業とされていたパイロットに女性が挑戦するというのは論外だったはずです。

あるテレビコマーシャルを見ていると、四～五歳の男の子が父親とハグをし、「パパは、なんで、パパとおばあちゃんはギューってしないの？」と子どもが尋ねると、パパが自分の老いた母親をギューとハグするというシーンが流れていました。そこには、従来の広告によく見られる「大人の男性はマッチョであるべき」という雰囲気がなく、心温かいイメージをかもしだしています。このような心温かい男性の素直な姿こそが、男女平等においては大切な要素となります。

このように、日本も確実に男女平等の社会に向かって前進しているわけですが、男女平等という新しい価値観を多くの人々が受け入れ、それが社会的なコンセンサスとなるまでにはまだまだ時間がかかりそうです。

日本には、男女差別について、「分かっちゃいるけどやめられない」と言う人が多すぎるように感じます。現実的に考えても、大人になってから新しい価値観をすぐに受け入れるというのはそう簡単なことではありません。それゆえ、幼い子どものころから男女平等の価値観に溶けこんでいく必要があります。

ところで、私は日本の書店において、男女平等に関係するような子育て本を見たことがありません。もちろん、すべての本をチェックしたわけではありませんが、大きな書店に行って、育児をテーマにした本が置かれているコーナーに何度立ち寄っても発見できませんでした。それなら、私たちが経験したスウェーデンでの子育てをテーマにして、男女平等に関する本を書いてみようではないかと思い立ったことが、本書を著すきっかけとなりました。

すでにジェンダー意識や知識に長けている人たちのなかには、本書に描かれている子育ての様子などは、別に目新しいものでなく、「すでに承知している」と受け取る人もいることでしょう。しかし、男女平等を本当の価値観として形成するプロセスにおいては、ある程度の知識をふまえたうえで、何度も繰り返し行い、訴えていくことが必要ですし、それによって確実なものになると考えています。

事実、スウェーデンにおいても、現在もまだその歩みは止まっていません。もちろん、日本よりは進んでいると言えますが、スウェーデン人は決して「完全」だとは思っていないのです。だから、さまざまなところで論議が繰り返されているわけです。そういう意味からも、本書を著したことが読者のみなさんの子育てに役立てば、筆者としては望外の喜びとなります。

本書を出版するにあたって、ご尽力をいただいた三名の方に感謝の意を表させていただきます。

長いスウェーデン滞在で危うくなり出した私の日本語を気軽にチェックして下さった知人の川口裕之さん（毎日新聞、ジャーナリスト）、本書を読みやすい形に構成してくれた藤井薫さん（アネビー・マーケティング）、そして、男女平等の子育てはこれからの日本には大切なこと、という強い願いのもと出版社を模索していただいた熊尾重治さん（アネビー代表取締役）に深く感謝の意を表します。

二〇二二年秋　スウェーデン・ストックホルム

谷沢英夫＆インゲル

新評論編集部からのお知らせ

本書の制作工程が最終段階に入った二〇二三年三月二六日、著者・谷沢英夫さんが病気療養中のスウェーデンの病院で死去されました。完成した本書をお渡しすることができず、誠に残念である、としか言えません。ご生前のご厚情に深く感謝するとともに、故人のご功績を偲び、心からご冥福をお祈り申し上げます。合掌。

参考文献一覧

・木村涼子、小玉亮子『教育／家族をジェンダーで語れば』白澤社発行、現代書館発売、2005年
・札幌市教育委員会「生徒の男・女らしさの意識調査－市立K中学校.中学校用男女平等教育読本」2010年
・(https://www.google.com/search?sxsrf=ALiCzsa3_4j05dOjE3LLD5l-RMlkG0Puw:1669030367793&source=univ&tbm=isch&q=)
・谷沢英夫『スウェーデンの少子化対策――家族政策の展開と男女共同参画社会寝の挑戦』日本評論社、2012年、66～67ページ、118～150ページ
・日本経済新聞「昨年の新入社員調査　管理職目指す女性」2016年7月24日付

: 33.)
・Olofsson Britta. Modiga prinsessor och ömsinta killar – genusmedveten pedagogik i praktiken. Malo. Lareforbundetsförlag. 2007. pp.57-80
（勇敢な王女と優しい男たち－ジェンダーを意識したペダゴギーの実践）
・Orlenius Kennert. Värdegrunden-finns den? Runa förlag. 2003. pp.18-25.
（基礎価値観－それはあるか？）
・SCB. Statistic Sweden. Jämställdhet statistik 1970-2021.
（スウェーデン統計局．男女平等統計）
・Schonbeck Linda. Läroplansutveckling under 25 ar - en jämförelse 1969～1994. Halmsta University. 2008
（1969年と1994年の25年間のカリキュラム比較．論文）
・Skolverket. Jämställdhet i skolan särskilda uppdrag 2008-2014. statskontoret.se/upload/Publikationer/2015/201507.pdf
（男女平等教育の特別行政報告2008～2014 ）
・Söderlund My. Bara barn. Förskollärares syn o uppfattning om arbete med jämställdhets i förskolan / Lund Univ. 2016
（まだ幼い子．プレスクールにおける先生たちの男女平等に関する考え方と実践．ルンド大学論文）
・Tallberg Broman Ingegerd. Perspektiv på förskolans historia. Studentlitteratur. pp.41, 97, 104. 1995.
（プレスクール歴史への視点）
・Whalström, Kajsa. Flickor, pojkar o pedagoger. Jämställdhetspedagogik i Praktiken. UR. Sv. utbildningsradio. 2003.
（女の子、男の子と幼児教育者／先生、男女平等のペダゴジクの実践）
・大滝世津子「自分集団における幼児の性自認」教育社会学研究79集. 2006年
・木村涼子 et al.『よくわかるジェンダー・スタディーズ』ミネルヴァ書房、2013年、20～47ページ

ールでのジェンダー教育的活動。学校における男女平等に関する考察委任委員会の最終報告）

・Lif Jan, Jämställdhet i skolan, studentlitteatur. 2008. pp.9, 16, 26, 28-30.
（学校における男女平等）

・Ljunge Martin. Sveriges Jämställdhet. SVD Svenska Dagbladet. Forskare Inst. för näringsliv. 2015 / 03 / 03
（スウェーデンの男女平等、SVD、日刊新聞論文産業研究所）

・Magnusson Helena. Jag du vi hej mamma pappa：en läsebok i förändring.: Barnboken-tidskrift for barnlitteraturforskning 2009: 1. 2009. pp.4-16.
（私も君も皆んな、ママ・パパも今日は：読書／国語の本の変容、児童書籍、雑誌の児童文学研究誌2009. No.1）

・Mattebo Lina. Feminism och kyrkan - på spaning efter jämställdheten. Argument Förlag. 2014. pp.10-13
（フェミニズムと教会－男女平等の探索）

・Myrdal Alva 、Viola Klein. Women's Tow Roles. Tidens forlag. Stockhollm 1957
（女性の二役割）

・Odenbring Ylva. Barns könade vardag. Liver. 2017. pp.70-71, 78, 92-93, 106, 110-111.
（子どもの性別した日常）

・Olander Ann-Sofie. Kvinnor, män och jämställdhet i läromedel i historia. Rapport 1 från DEJA.
/ SOU2010; 10 rapport 1. 2010（学校教材での男女、男女平等の報告書. State Report 2010）.

・Ohlander Ann-Sofie. Kvinnor, män och jämställdhet i läromedel i samhällskunskap
En granskning på uppdrag av Delegationen för jämställdhet i skolan / SOU2010: 33. Rapport II.
（学校教材社会科での男女、男女平等の報告書 II. State Report 2010

参考文献一覧

・Amundsdotter Eva. et al. Lrg 11. Läromedel för grundskola, förskola och fritidshem. Skolverket. Karlstad Universitetstryckeriet, 2015（小中学校、プレスクールクラス、学童保育の学校庁教材指導書検証論文）

・Eilard Angerd. Modern svensk och jämställd; Om barn barn, famlj och omvärlden i grundskolans läseböcker 1962-2007. Malmö lärarutbildningsförlag. 2008. Pp.75-120.
（近代スウェーデン男女平等：小学校教科書1962-2007年での子供、家族、社会）

・Förskolan. Tidningen för alla förskollärare sedan 1918. Lärarförbundet förlag. 1970-2021.
（プレスクール幼児教育者の専門誌．教職員者組合出版）

・Granholm Helen, Pa genusaventur-metodbok for drama o genus i forskola. Natur o Kultur. 2007.
（ジェンダーアドベンチャー：プレスクールでのドラマ／出来事とジェンダー）

・Hirdman Yvonne. Genus：om det stabilas föränderliga former. Liber. 2003. pp.20-25, 83-85.
（ジェンダー．安定した変化フォームに関して）

・Jansson Brigitta、Danielsson Monica. Får flickor finnas? Antigone Förlag. 2010.
（女の子は必要とされているの？）

・Jämställdhetslagen. 1979、1991、2009（男女平等改正法）

・Jämställdheten i förskolan. Om betydelsen av Jämställdheten. Och Genus i F-skolans pedagogiska arbete. Slutbetänkande av Delegation for Jämställdheten i skolan: SOU / State Official Report. 75 2006. Edito Sverige
（プレスクールにおける男女平等の活動．男女平等の意義．プレスク

著者紹介

谷沢英夫（たにさわ・ひでお）

1943年、生まれ。

1966年、渡欧。

1973年、ストックホルム大学社会科学部（経済学）卒業。

1974〜2008年、日本－スウェーデンの貿易推進、コンサルタント業務。（特に、野外遊具メーカー HAGS社の市場開発・遊び観察のコンサルタント）

2011年、早稲田大学大学院人間文化研究科博士前期課程修了。

2011〜2023年３月、早稲田大学人間総合研究センター招聘研究員。

著書に、『スウェーデンの少子化対策』（日本評論社、2012年）がある。

訳書に、『子どもの悲しみとトラウマ――津波被害に行われたグループによる支援活動』（新評論、2014年）がある。

2023年３月26日、病気療養中、ストックホルムの病院にて死去。（享年80歳）

Twitter：育児パパ@Yatteyokata

やってよかった育児パパ
――日本人のパパがスウェーデンでたどり着いた男女平等教育

2023年４月25日　初版第１刷発行

著　者　谷　沢　英　夫
発行者　武　市　一　幸

発行所　株式会社　新　評　論

〒169-0051
東京都新宿区西早稲田３-16-28
http://www.shinhyoron.co.jp
電話　03（3202）7 3 9 1
FAX　03（3202）5 8 3 2
振替・00160-1-113487

落丁・乱丁はお取り替えします。

定価はカバーに表示してあります。

印　刷　フォレスト
製　本　中永製本所
装　丁　星野文子
カバーイラスト　丸岡　萌

Printed in Japan
ISBN978-4-7948-1237-7